〈つながり〉の社会福祉

人びとのエンパワメントを目指して

西村昌記
加藤悦雄
［編著］

生活書院

まえがき

二〇〇〇年代以降、私たちは「生き辛さ」や「生き難さ」といった言葉を耳にするようになった。これらの言葉には、生きるという行為そのものに辛さや難しさが伴っているというニュアンスを感じさせる。どうして、生きていくことに対して辛さや難しさを実感させることになったのか。その背景として、経済社会における競争的環境や自己責任意識の高まりと、支え合いなど社会的なつながりの縮小が作用していると考えられる。なるべく他の人の助けを受けないように、自己管理を徹底して生きることを強いられる中で、子どもであるとか高齢者であることを問わず、多くの人に生き続けること自体に不安やストレスを与える結果を招いている。

そうであるからこそ、人と人とのつながりに価値をおく社会福祉の新しいはたらきが問われている。社会福祉という営みは、生活上のさまざまな課題をその対象とすることで、拡大・発展してきた。わかりやすい例として、終戦後から現在までに制定された社会福祉関係法令を一覧にしてみるとよい。表1はその一部を示したものであるが、それぞれの法令の対象として、分野の多様化と課題の多様化の二つの動きを確認することができる。すなわち、子ども、障がい者（身体的・知的・精神・重症心身・発達）、高齢者、ひとり親（母子・父子）、家族、ホームレス、若者、在日外国人、マイノリティ……へと対象分野を広げ、その一方で、生活課題としては生活困窮（絶対的貧困・相対的貧困）、子ども・障がい者・高齢者等へのケアの欠如、暴力や虐待、社会的孤立、社会的差別……へと課題領域を広げてきた。

表1　社会福祉における対象領域の拡大

分野の多様化 ＼ 課題の多様化	子ども（要保護児童）、高齢者、ひとり親（母子・父子）、家族、ホームレス、若者障がい者（身体的・知的・精神、重症心身、発達）、在日外国人、マイノリティ
生活困窮（貧困）	旧生活保護法（1946年）、新生活保護法（1950年）、児童福祉法（1947年）　身体障害者福祉法（1949年）、社会福祉事業法（現・社会福祉法）（1951年）　精神薄弱者福祉法（現・知的障害者福祉法）（1960年）、老人福祉法（1963年）、母子福祉法（現・母子及び寡婦福祉法）（1964年）
ケアの欠如（保育・介護・療育等）	児童手当法（1971年）、社会福祉施設緊急整備5か年計画（1971年） 高齢者保健福祉推進10か年戦略（ゴールドプラン）（1989年） 障害者基本法（1993年）、介護保険法（1997年） 今後の子育て支援のための施策の基本的方向について（エンゼルプラン）（1994年）
暴力・虐待	精神保健及び精神障害者福祉に関する法律（1995年）
社会的孤立	子ども虐待の防止法（2000年）、配偶者からの暴力（DV）の防止法（2001年）
相対的貧困	高齢者虐待の防止法（2005年）、障害者虐待の防止法（2011年）
社会的差別	子ども・若者育成支援推進法（2009年）、生活困窮者自立支援法（2013年） 子どもの貧困対策の推進に関する法律（2013年）　障害を理由とする差別の解消法（2013年）

どうしてこうした多様な分野におけるさまざまな課題が社会問題や福祉ニーズとして捉えられ、対応や解決を求められるようになったのか。さらに、社会福祉はこうした課題にどのように向き合うことが求められているのか。この点にこそ、本書における「つながり」という視点が関わってくる。

社会福祉という仕組みは、近代社会への移行を契機に誕生した。日本では今から一五〇年以上前に遡るが、明治時代以降の近代化に伴う社会変動により、地域共同体など自生的なつながりが切り崩されていくに従い、人びとの生活基盤や問題対応力は弱体化していくことになった。戦争被害等も相まって、都市部・農村部を問わず必然的に生活困窮者が続出したが、社会福祉は近代における人権思想を根拠として、生活困難に陥った人びとの救済を担い始めたのである。

かねてから人びとの生活は、人と人、人と環境とのつながりによって維持されてきた。しかし、第二次世界大戦後から今日に至るまで、経済的成長や市場化を重視するあまり、地縁的な結びつきの解体と同時に、親族関係や家族規模の縮小は進み、人と人とのつながりの契機が失われ、対面的・直接的な支え合いは衰退の一途を辿ってきた。多くの人びとが生き辛さや生き難さを感じるようになり、今や私たちはつながりに関わるさまざまな課題、すなわち経済的格差や貧困のみならず、ケアの不足、暴力や虐待、排除や孤立、さらに過度の自立や適応を強いられる関係などに直面している。

このようなつながりの機能不全によってもたらされる生活課題に対して、社会福祉は人間の尊厳を擁護する人権思想を基盤として、当事者のエンパワメントに向けた新たなつながりをつくり出すことで、課題解決を目指すものである。人を孤立させないことや人間を排除しないことは、言わば社会福祉の最低限の倫理であると言えよう。本書の目的は、対象領域の拡大によって見えづらくなった社会福祉本来のはたらきに照準し、人と人、人と環境とのつながりの視点から、人びとの生活課題解決に向けた新たな展望を描き出すことである。

本書は図1に示すように、2部構成をとっている。第1部は「新しい〈つながり〉の形」と題し、新しいつながりを創り出すための考え方を提起していく。第2部は「新しい〈つながり〉の力」と題し、新しいつながりを創出する方法を示していく。それぞれの章においては、社会福祉の分野や課題に関わるつながりの課題を取り上げ、〈つながり〉の社会福祉の視点と方法を提起したうえで、一人ひとりの〈エンパワメント〉を目指す新しいつながりの創出を提起している。それぞれの章の要点を示しておきたい。

第1章では、「つながり」を構築することは、人びとの困難を解決するための手段であるとともに、社会のあり方、あるいは社会福祉そのものの究極的な目標であることを踏まえ、「包摂社会」に向けた理論的・実践的な基盤を明らかにする。ソーシャル・インクルージョン、ソーシャル・キャピタル、サステナビリティ、ジェネラティビティ、エンパワメントという五つの概念を用いて、人と人、人と社会とのつながりの重要性について示していく。

第2章では、人とのつながりや、社会や制度とのつながりなど、「つながり」を重要視し、援助に活かしてきたソーシャルワークを取り上げる。伝統的ソーシャルワーク理論と近年の実践について、人権擁護、社会正義、多様性の尊重などの価値・倫理と、その目的、方法・技術等について概観することを通して、ソーシャルワークにおいて「つながり」という概念がどのように意味づけられ、どのように使われ、活かされてきているのかを示していく。

第3章では、ホームレスの生活を取り上げ、生活を支える「つながり」について考えていく。ホームレスの生活は社会的排除の典型とされるが、実際には、野宿場所・小屋、支援関係、福祉制度、地域、就労先との関係を通じて、ひとつの社会を作り上げている。「つながり」がないのではなく、「つながり」の選択の幅が極端に狭いのである。こうしたホームレスの「つながり」を通して、生活を支える「つながり」のあり方を考えていく。

第4章では、多様化する福祉問題解決の主体として注目される社会的企業を取り上げる。社会的企業の基本的な考え方や視点を確認した上で、社会的企業がどのように社会的排除（ソーシャル・エクスクルージョン）状況にある対象者に対して、社会的包摂（ソーシャル・インクルージョン）を実現しているのか、言わば社会的企業の「つながり」づくりの戦略について、障害者の就労問題等に取り組むいくつかの実践事例を

図1〈つながり〉の社会福祉の構成

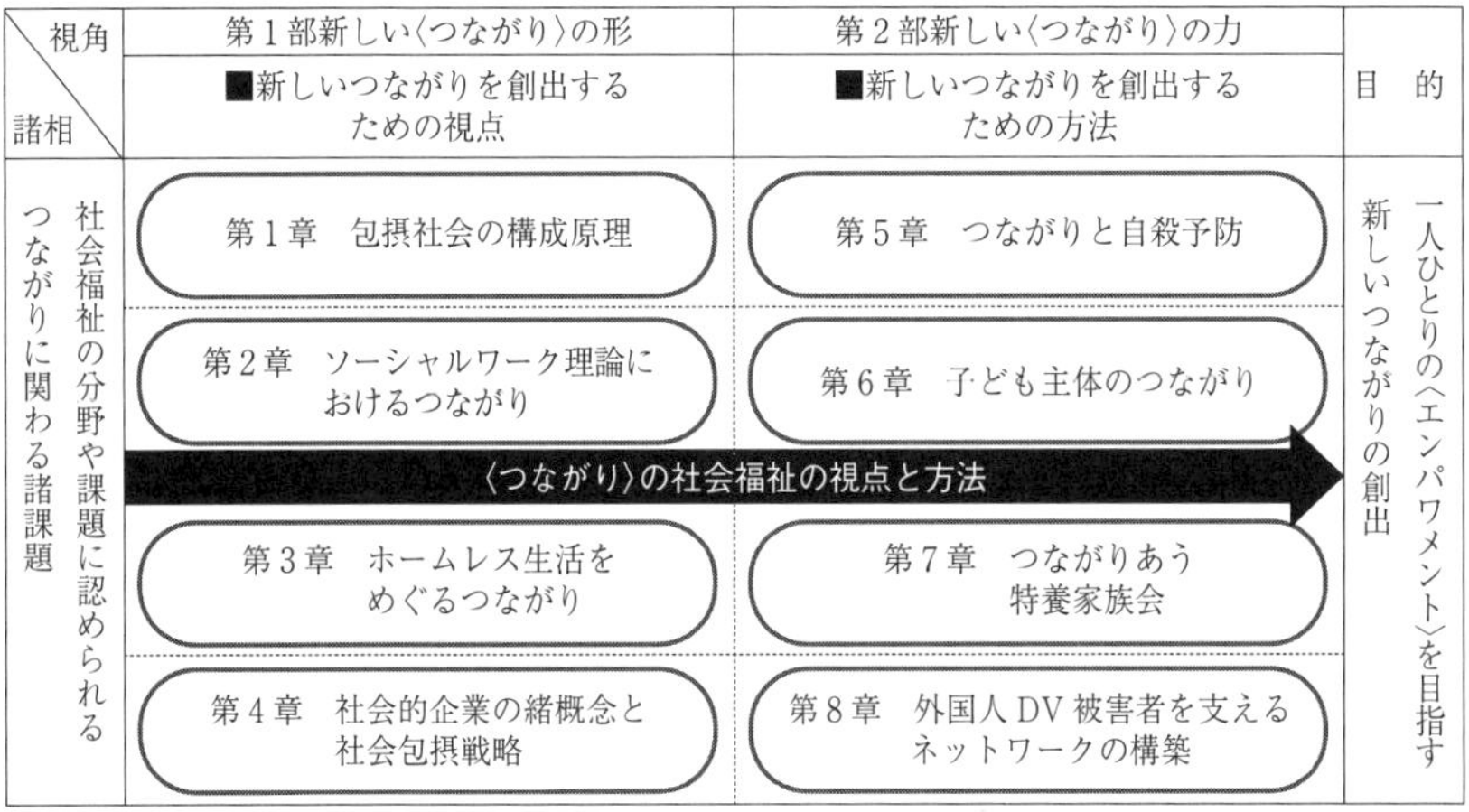

視角 諸相	第1部 新しい〈つながり〉の形 ■新しいつながりを創出する ための視点	第2部 新しい〈つながり〉の力 ■新しいつながりを創出する ための方法	目 的
つながりに関わる諸課題 社会福祉の分野や課題に認められる	第1章 包摂社会の構成原理	第5章 つながりと自殺予防	新しいつながりの創出 一人ひとりの〈エンパワメント〉を目指す
	第2章 ソーシャルワーク理論におけるつながり	第6章 子ども主体のつながり	
	〈つながり〉の社会福祉の視点と方法 →		
	第3章 ホームレス生活をめぐるつながり	第7章 つながりあう特養家族会	
	第4章 社会的企業の緒概念と社会包摂戦略	第8章 外国人DV被害者を支えるネットワークの構築	

通して示していく。

第5章では、男性高齢者の孤立を原因とする自殺問題を取り上げる。自殺予防に向け、社会参加などによってソーシャル・キャピタル（社会関係資本）を再構築することの大切さが言われる一方、どのような「つながり」が男性高齢者の自殺予防に効果的なのか、十分検討されていない。そこで、男性高齢者の自殺予防に向けた「つながり」やソーシャル・キャピタルと、それらを形成する「きっかけ」や「仕組み」作りについて示していく。

第6章では、子どもの虐待、貧困、いじめや不登校など、深刻化する児童福祉の課題に対して、「子どもを主体としたつながり」の創出による支援について示していく。子どもの権利内容と、社会的なつながりを重視する岡村理論の検討を通して、子どもの権利に基づく児童福祉の機能を示した上で、虐待や貧困問題に取り組む子どもNPOの実践を取り上げ、子どもを主体としたソーシャルワークと地域の居場所づくりの方法について示していく。

第7章では、施設に親を預けた家族の葛藤や終末期のケアに伴う悩みの問題と向き合う、特別養護老人ホームの家族会を取り上げる。特養の入居者と家族、そして家族同士がつながることにどのような意味があるのだろうか。特養の入居者家族同士が県内全域で縦横無尽につながりあう山形県特養家族会連絡協議会に注目しながら、同じ悩みを持つ者がつながるからこそ、深い共感が得られる、家族会の存在意義と可能性について示していく。

第8章では、ドメスティック・バイオレンス（DV）の問題について、とくに在留資格の問題や言語・習慣の違い等により、保護や支援につながりにくく、問題が深刻化しやすい外国人DV被害者の問題を取り上げる。日本におけるDV被害の概況やソーシャルワーク実践との関係についてまとめた上で、複合的な困難を抱える人びとが社会的に孤立しないための支援方法について、母子生活支援施設での実践事例を用いて示していく。

一人ひとりの人が、人と人、人と環境とのつながりの中を生きていくことで、苦しみや痛みから逃れたいという共通した感情をもっていることを理解し合い、その人自身の生き方を励まされ、違いを認め合うと同時に、誰もがかけがえのない存在であることを実感し、生きていくために必要な条件を分かち合っていく……、私たちはそうした新しいつながりをどのように作り出すことができるのか。

本書は、社会福祉に関心のある初学者にとってもわかりやすく、また専門家にも役立つような内容にすることを心がけてまとめられた。社会福祉のはたらきをつながりの視点から考えていくうえでの考え方や方法についての理解はもとより、ここで展開されている議論を手がかりに、読者の皆様が新しい問いを立てて、つながりの社会福祉を追求してほしい。しかしながら、十分に議論の行き届いていない点も多々あるため、本書の内容について、ご意見、ご教示いただけると幸いである。

本書の出版は、以上のような趣旨をご理解いただいた、株式会社生活書院代表取締役社長髙橋淳氏のご協力によって実現した。生活者や当事者の視点を大切にした書籍を作り続けている生活書院から出版できることをたいへん有り難く思っている。

最後に本書刊行の経緯についてふれておきたい。本書は、園田恭一・西村昌記編『ソーシャル・インクルージョンの社会福祉――新しい〈つながり〉を求めて』の続編にあたるものであり、前著同様、園田恭一先生（二〇一〇年二月逝去）が主宰されていた研究会の成果である。ずいぶんと長い年月がたってしまったが、園田先生との約束のひとつが果たせたことが何よりもうれしい。園田先生は生前、遺作である『社会的健康論』の最終章でもふれているように、これからの社会福祉を考える上で、「つながり」「参加」「可能性」という視点が重要であり、研究者としての出発点であるコミュニティ論に立ち戻りたいと述べていた。本書を執筆陣の共通の恩師である園田恭一先生と研究会の同志中村一茂君（二〇一七年八月逝去）に捧げたい。

二〇二〇年二月

西村昌記
加藤悦雄

〈つながり〉の社会福祉――人びとのエンパワメントを目指して

目次

第4章　社会的企業の諸概念と社会包摂戦略
——事業構造とその特質の視点から　熊田博喜

第2部　新しい〈つながり〉の力

第5章　つながりと自殺予防
——スポーツを通した身近な地域のサードプレイスの可能性　和　秀俊

第6章　子どもを主体としたつながり　加藤悦雄

第7章　つながりあう特養家族会　井上修一

第8章　外国人ＤＶ被害者を支えるネットワークの構築

――多文化ソーシャルワークを活用した支援の展開

寺田貴美代

第1部　新しい〈つながり〉の形

第1章　包摂社会の構成原理

〈つながりの社会福祉〉の地平

西村昌記

社会福祉（ソーシャルワーク）は極めて初期の段階から、たとえばセツルメント活動や友愛訪問に見られるように、人と人、人と社会の〈つながり〉の重要性に着目し、実践面においても彫琢がすすめられてきた。〈つながり〉を構築することは、人びとの困難を解決するための手段であるとともに、社会のあり方、あるいは社会福祉そのものの究極的な目標であるともいえる。しかしながら、流動化する現代社会において、「制度」としての社会福祉は十分に機能しているとはいえない。

社会的存在としての人間は、太古の弱肉強食の時代においても、現代の情報化社会においても、〈つながり〉なくして、生まれながらに持っている可能性や潜在能力を十分に発揮することはできない。「包摂社会（inclusive society）」とは、人びとの可能性や潜在能力が発揮できる機会と環境の最適化された社会を意味する。本章では、包摂社会をめぐる構成原理（理論的・実践的基盤）を、ソーシャル・インクルージョン、ソーシャル・キャピタル、サステナビリティ、ジェネラティビティ、エンパワメントという五つの概念から整理していく。

1　震災とつながり

東日本大震災から八年の歳月が過ぎた。震災による死者の数は一万六〇〇〇人近くにのぼり、震災後の体調悪化や自殺による震災関連死は三七〇〇人を数えている。また、震災直後に四七万人に及んだ避難者は、今も五万人を超えている。一九九五年の阪神・淡路大震災では、多くの一般市民が災害ボランティアとして参加し、のちに同年は「ボランティア元年」と称された。また、一九九八年に成立した「特定非営利活動促進法（NPO法）」のきっかけともなった。では、東日本大震災は、われわれに何をもたらしたのだろうか。はじめに、東日本大震災から二年近く経った時、池澤夏樹の『春を恨んだりしない——震災をめぐって考えたこと』に触発されて記した一文を再掲してみたい（東海大学新聞二〇一三年一月一日）。

震災一年後の春から毎月一回、ボランティアバスに乗って被災地を巡っている。陸前高田、気仙沼、南三陸、石巻、山元、いわき、いずれの地もいまだ復旧の最中にあり、震災の爪痕が今もそこかしこにさらされている。地震と津波は自然を前にした人類の無力さを、原発事故は人類の愚かさをあらわにした。その意味で三・一一は我々の岐路であり、立ち止まって未来に向けて想像力を馳せるための標である。

ボランティアバスとは朝日新聞の用語解説によれば、「救援物資やボランティア活動に必要な資材を積み込み、団体で被災地に向かうバス」のことで、NPOやボランティア団体のみならず、観光会社やバス会社などが主催するツアーの参加者が、現在も毎週のように被災地を訪れている。三・一一は、ボランティアバスを用いた継続的支援の取り組みや、災害ボランティアのスペシャリストともいえる多くのボランティアリーダーを生み出した。

ボランティアバスで出会った壮年の常連ボランティアSさんは、一〇年かけて被災地と付き合っていくつもりだと語っていた。アメリカ人ジャーナリストのレベッカ・ソルニットは、大災害後に連帯のコミュニティが生まれることを「災害ユートピア」と表現したが、そのような非日常的で一時的な現象ではなく、一人ひとりの余力を寄せ合うゆるやかな結びつきが日常的に持続しているのかもしれない。そこから新しい世界のあり方が見つけられるのだろうか。

池澤（2011）は、震災半年後に刊行された先の書物のなかで、「これを機に日本という国のある局面が変わるだろう。それはさほど目覚ましいものではないかもしれない。ぐずぐずと行きつ戻りつを繰り返すかもしれないが、それでも変化は起こるだろう」と述べ、それに続けて「集中と高密度と効率追求ばかりを求めない分散型の文明への一つの促しとなることを期待している」と結んでいる。しかし、その五年後には、一時の幻想、「災害ユートピア」に過ぎなかったと述懐している（朝日新聞二〇一六年二月二日）。

さて、はじめの問いは、「東日本大震災は、われわれに何をもたらしたのだろうか」であった。本稿の主題の一部でもある〈ヨコのつながり〉と〈タテのつながり〉という二側面から考えてみたい。ヨコのつながりについては、ボランティアのカジュアル化、あるいはネットワーキングのカジュアル化ということができる。ネットワーキングという言葉は一九八〇年代半ば以降の一〇年ほどの間、市民活動を象徴するキャッチフレーズとして輝きをもっていたが、現在ではIT用語として用いられたり、単なる人脈形成の意味合いで用いられたりすることが多い。本来の意味合いは、何かをやろうと言い出した者が、「この指とまれ」方式で、仲間と協働する、利益を求めない自発的な活動であり、自在で多元的なリゾーム型の組織づくりを志向する運動である。ネットワーキングは、「身銭を切り、自前で財源を作り出す。やりたい人がやり、やりたくなくなったらいつやめてもよい」という関係性によって成り立っている（栗原 1999）。

ネットワーキングのカジュアル化とは、そのような関係性がインターネットを通じて容易に実現されるようになったことを指している。震災後、ボランティア情報のまとめサイト（ボランティア情報ステーション）が即時に立ち上がり、情報交換や各種の連携（たとえば現地に向かう際の乗り合い）には Twitter や Facebook も活用された。ボランティアに参加した人たちは、また現地で会いましょうと散開し、別のボランティア団体が主催した別の場所で再会を果たす。繰り返し参加している常連さんはいつの間にかリーダー役となり、組織間の橋渡し役になることすらあった。

震災が引き起こした東京電力福島原子力発電所の事故は、タテのつながりということについて深く考えさせる事柄でもあった。それは、一言でいえば将来世代への責任ということであろうか。震災後八年を経過した今も存在する帰還困難区域、除染廃棄物、さらには核のごみ最終処分地の問題など、国家の基盤を揺るがし、池澤も指摘するように文明のあり方をも再考させる出来事であった。事故の賠償や廃炉、除染などの費用総額は二一・五兆円にも上ると試算されている。そして、避難指示が解除された地域においても住民帰還は進まない。ドイツ、スイス、イタリアでは福島原発事故を受け、脱原発政策に舵を切ったとされているが、現在日本では原発再稼働が政府により進められている。

日本で原子力発電の運用が開始されてから半世紀がたつ。使用済み燃料は二万トン近くにのぼり、そこから生じる放射性廃棄物（核のごみ）は安全なレベルに達するまで一〇万年を要するといわれている。二〇一一年に話題になった『100,000年後の安全』というドキュメンタリー映画は世界初の最終処分場であるフィンランドの「オンカロ」が舞台であった。核燃料廃棄物を地下五〇〇メートルまで採掘された堅牢な洞窟で一〇万年後まで保管しようという壮大な国家事業であるが、未来の人類に引き継いでゆく責任の重みはあまりにも大きい。このような大規模な問題だけではなく、より身近な生活環境問題、あるいはよりグローバルな地球温暖化の問題など、将来世代への配慮をめぐる議論は、「世代間正義」や「世代間倫理」というテーマのもと、公共哲学や環境倫理学の領域で長い間議論がすすめられてきた。ここでは、それらの潮流とも重なる部分があり、広く一般に知られている「サステナビリティ（sustainability）」（持続可能性）という概念についてふれたい。

サステナビリティという概念が注目を浴びるようになったきっかけは、一九八七年に国連の「環境と開発に関する世界委員会（WCED）」によって提示された最終報告書『われら共有の未来（Our Common Future）』であった。この報告は委員長に因んでブルントラント報告と称されることも多く、「将来世代のニーズに応える能力を損なうことなく、今日の世代のニーズを満たすような開発（持続可能な開発）」という考え方が論じられた。また、二〇一五年九月に国連総会で採択されたSDGs（持続可能な開発目標）は、サステナビリティという言葉を世間一般に広めたといえる。SDGsは、経済、環境、社会の諸問題を包括的に扱い、その相互の連関を重視している点に特徴があるとされ（蟹江 2017）、貧困、不平等・格差、気候変動のない持続可能な社会の実現に向けた一七の目標から構成されている。学教教育の現場で取り上げられ、

CSR（企業の社会的責任）という観点からサステナビリティに取り組む企業も目につくようになった。

サステナビリティは包摂社会を構築するための重要なピースのひとつである。持続可能な社会づくりの担い手を育む教育（ESD）の推進機関であるユネスコでは、ESDの実施にあたって「人格の発達や、自律心、判断力、責任感などの人間性を育むこと」に加え、「他人との関係性、社会との関係性、自然環境との関係性を認識し、『関わり』、『つながり』を尊重できる個人を育むこと」が必要であるとしている。

Sさんが関わっていたボランティアバス事業は、今も形を変えて継続している。東日本大震災は、われわれに何をもたらしたのだろうかという問いに明確に答えることはできないが、ゆるやかなつながり（ネットワーク）のもつ力と将来世代への配慮への気づきと、ここではまとめておきたい。

2　高齢社会とつながり

日本の六五歳以上の人口は、二〇一八年現在、過去最高の三五一五万人となり、高齢化率も二七・七％と過去最高となった。高齢者人口のうち、六五～七四歳人口は一七六七万人で総人口に占める割合は一三・九％、七五歳以上人口は一七四八万人で総人口に占める割合は一三・八％と、ほぼ同率になった。今後ますます七五歳以上の後期高齢者の割合が高まることが予想されている。また、二〇一八年の簡易生命表によれば、現在の平均寿命は男性が八一・三歳、女性では八七・三歳に達している。さらに、高齢者人口の増加によって高齢者の死亡数は一貫して増加の傾向を示している。人口動態調査によれば、二〇一八年の死亡者総数は一三六万人を超え、そのうち六五歳以上の高齢者は約一二三万人、全死亡者の九〇・五％を占めている。このような人口変動の様相は、人口学的には「生存曲線の長方形化」現象ということができるが、誰もが長寿を全うできる社会へと変化したことを意味する。高齢化が進展する一方、出生数は減り続け、二〇一六年には九七万人と、統計史上はじめて一〇〇万人を割り込んだ。二〇一八年の合計特殊出生率は一・四二と、人口置換水準を大きく下回り、すでに人口減少社会に突入している。このような人口構造の変動を、〈タテのつながり〉という面から考えてみたい。

人口高齢化の過程は、家族の規模や年齢構造に変化を及ぼすだけではなく、親族ネットワークの形態を大きく変え、さらに社会変化へとさまざまな影響をもつ。ここでは、家族という観点に加え、より広範な世代間関係という視点から考えてみたい。親族ネットワークは、同一世代内部のヨコの広がりから、異世代間のタテの関係へと変化した。長寿化により親と子は成人期の重要な体験を共有するようになり、世代間の関係も長期化、重層化するようになった。その一方、年金や健康保険といった社会保障の充実は、老年期の自立を促すとともに、家族のきずなをより自発的で選択的なものとした。家族においても社会においても老年と若年の相対的均衡が変化し、夫婦が子どもより多くの親をもつ時代になった。家族関係の長期化は、老老介護という問題や、そこに孫の世話が加わった新たな「サンドイッチ」世代をも生み出している。また、最近では引きこもりの長期化により、八〇代の親が五〇代の子どもの面倒をみるといった「八〇五〇問題」も大きな話題になっている。総じて、家族は小規模になり、親族ネットワークは脆弱になったといえる。

地域社会や近隣関係が希薄化し、家族規模の縮小、未婚化の進展や単独世帯の増加など、家族の個人化とも呼ばれる現象がすすむなか、世代間の関係性も変容している。四世代にわたる家族も珍しくなくなった現代日本において、三世代同居すら少数派になった。異世代との交流は地域や家族を通じて行われる機会が多いため、世代間のつながりは縮小傾向にあるといえる。近年、政府が繰り返し、世代間交流や多世代共生を政策標語に掲げているのも、その証左といえるであろう。しかしながら、若い世代と年長の世代をつなげることは、政府が掲げる高齢者の生きがい対策や社会参加、子どもや子育て世代への支援ということ以上に、持続可能な活力ある社会を構築する上で重要である。すなわち、世代間交流や多世代共生という視点を超えた将来世代へのまなざしが必要と思われる。そのような観点から、エリクソンが主唱した「ジェネラティビティ（generativity）」という概念に着目したい。

ジェネラティビティという言葉は、エリクソンによる造語であり、子孫を生み出すこと（procreativity）、生産性（productivity）、創造性（creativity）などの意味を含み、自己のアイデンティティの再構築や新しい存在・制作物・観念を生み出すことを表している（Erikson & Erikson 1997）。この概念は、当初は中年期の心理社会的発達課題として「次の世代を確立させ、導くことへの関心」と定義されていたが（Erikson 1950）、その後広く「世界を維持する」ための成年世代の責任として位置づけられた。老年期における祖父母的ジェネラティビティは、「現在の世話を、未来への関心――すなわち今日の若い世代の未来、まだ生まれていない世代、そして世界全体としての存続への関心に結びつける」能力であるとされている（Erikson, et al. 1986）。ここでは、「次世代、将来世代に対する配慮を伴う関心と行動」と定義しておこう。

前項では、包摂社会の構成原理として、サステナビリティという概念を提示した。ジェネラティビティも、サステナビリティも〈タテのつながり〉、すなわち世代間あるいは将来世代との関係を考える上で重要性をもつ。サステナビリティが将来世代への配慮という観点から社会のあり方を考える概念であるとすれば、ジェネラティビティはその根拠ともなる考えであり、個人の側、あるいは配慮する側の世代のウェルビーイングを高める概念といえよう。小澤（2011）のレビューによれば、ジェネラティビティは人生満足度や幸福感、自尊心や人生の一貫性、精神的健康等と正の相関をもち、情緒不安定性や抑うつ性と負の相関をもつことが報告されている。また、将来世代との〈つながり〉の希求は、われわれの世代が過去の世代から受け継いださまざまな事物の上にあるという、人間存在の歴史性によって根拠づけられる。

3　地域社会とつながり

現代社会の一面をあらわす言葉として「無縁社会」という流行語が世間を賑わすようになって久しい。無縁とは一般的には地縁・血縁などの縁者がいないことを意味するが、身元不明で引き取り手のない孤独死が増加していることを報道した特集番組がきっかけであった。全国の自治体調査の結果、引き取り手がなく、自治体によって火葬・埋葬された人が年間三万二千人にものぼったという報道は人々を震撼させ、つながりの希薄化、つながれない社会の現実があらわになった出来事といえるかもしれない。しかしながら、地域共同体の崩壊とつながりの再構築という課題は、高度成長期以後の日本において繰り返し論じられてきた未解決の課題ともいえる。

たとえば、コミュニティという言葉が広まる端緒となったといわれる報告書『コミュニティ――生活の場における人間性の回復』が国民生活審議会によって公表されたのは一九六九年のことであるが、ひとり暮らし高齢者の孤独死報道が頻発した時期でもあった。この報告書では地域共同体の崩壊（近隣との結びつきの希薄化）の背景として、①交通機関の発達等による生活圏の拡大、②人口の都市集中、③生活様式および生活意識の都市化、④機能集団の増加、⑤行政機能の拡大、⑥家族制度の変革、⑦農村における生活構造の変化という七つの要因があげられている。園田（1979）は、このような社会全体として生じた問題を、生活の場としての部分的な地域社会で解決しようとしているという問題点を指摘するとともに、その後の施策展開として「コミュニティ形成を、身近な地域や余暇活動やボランティア活動に限定して、全体的な、あるいは生産労働や消費生活の場面でのかかわりにふれていないこと」に対しても懸念を表明している。この園田の指摘は、現代においても曖昧さがつきまとう「コミュニティ」の定義にかかわる問題ともいえる。

現代ではネット上のコミュニティ（地図にないコミュニティ）という言葉に違和感がないように、むしろ概念上の曖昧さには拍車がかかっているともいえよう。たとえば、自治体における（福祉）コミュニティ形成事業では、交流の場や居場所づくり、仲間づくりと同義に用いられていることもある。齊藤（2013）は、「一般に、コミュニティは、個人と国家（政治的共同体）の間に位置する中間集団のひとつとして定義され」、「今日の用法では、中間集団のほぼすべてをカバーする意味合いで用いられているように思われる」としている。また、コミュニティとそれに関わる人びととの関係からみた特徴として、複数のコミュニティへの多元的関与、緩やかながらも被縛性の感覚がはたらく持続性のある関係、承認欲求に応え「居場所」となるようなコンサマトリーな関係をあげている。曖昧さを避ける意味では、少なくとも、地域社会や地域共同体を意味する際には「地域コミュニティ」、帰属感や居場所性とかかわる場合は「所属コミュニティ」と分けて表現する必要性があるのではないか。

森岡（2008）によれば、先の報告書ではコミュニティを望ましい地域社会を意味する期待概念として定立していこうという提案がなされたにもかかわらず、一方で現状の地域社会と同じ意味に用いられるという理解の不一致が生じたとされる。森岡は、コミュニティとは「政治的・行政的過程への住民参画が実現し、住民自治が具現し、それを保障するものとして最適な問題処理システムが成立しているような望ましい地域社会の状態」を意味し、基礎自治体を最大の空間範域とする重層的な「地域社会」に対応するものとしている。園田が一九七八年に著した『現代コミュニティ論』を改めて紐解くと、住民参加や自治意識、あるいはガバナンスといったことを志向する際には、基礎自治体とのかかわりが不可欠であるとの主張を明確に読み取ることができる。また、都市化、産業化、情報化という「社会全体で生じた問題」の核心を「生産と消費の分離」と捉えることにより、「コミュニティ形成」への道筋が示唆されているといえよう。

社会福祉の領域においては、一九七一年に中央社会福祉審議会による『コミュニティ形成と社会福祉』が公表された。この答申では、コミュニティケアという視点が打ち出されるとともに、コミュニティの意図的形成のために、地域福祉関係施設の整備や小地域としての範域の設定、そのネットワーク化のための「地域福祉計画」の必要性が唱われている。また、一九八九年の『今後の社会福祉のあり方』（福祉関係三審議会合同企画分科会）では、住民に身近な行政は、可能な限り、住民に身近な地方公共団体が実施するという基本原則のもと、市町村の役割重視が提言された。そして、その翌年の福祉関係八法改正では市町村中心主義がより明確化された。さらに、二〇〇〇年の社会福祉法の制定によって、「地域福祉の推進」が明文化され、地域福祉計画の策定が推進されることになった。この法律には地域福祉計画の策定プロセスにおける住民参加の重要性が明示されている。

一方、地方自治の領域においては、一九九五年に地方分権推進法が制定され、二〇〇〇年には「地方分権一括法（地方分権の推進を図るための関係法律の整備等に関する法律）」が施行された。この法律では「機関委任事務の廃止」をはじめ、国と地方自治体の役割分担を明確化し、基礎自治体としての市町村の権限を強化した。さらには、国から地方への財源移譲を柱とする「三位一体改革」や「地方分権改革推進法」の制定により、分権化が進展している。また、このような地方分権化の流れと併行して、高齢者保健福祉計画、障害者計画、児童育成計画、介護保険事業計画などの個別計画の領域においても法制化が進展し、市町村が計画づくりの責任を担う立場となった。

先の森岡（2008）の指摘は、このような流れを受けての整理であるとも解釈できるが、基礎自治体を最大の空間範域とする重層的な地域社会における理想としてのコミュニティ形成の道筋は、ある意味では開かれているといえる。また、園田（1978）が期待した目標の調整、手段の調整、成果配分の調整という基礎自治体の役割（現代の言葉でいえば、ローカル・ガバナンス）についても実現可能な前提が整ったとも考えられる。しかしながら、現実的には大きな疑問符を点じざるを得ない。

地域社会の強化を伴う分権化を実現するためには、今以上の予算の集中が必要なことはいうまでもないが、財政難や人材難が指摘されるなか、住民参画をすすめ、住民の当事者意識を高めるためには、何らかの仕組みや工夫が必要となる。たとえば、現在ヨーロッパで注目を浴びている「くじ引き民主主義」は政治的過程への住民参画という意味では新鮮である。抽選で議員を選出するこの方法は、ある意味では参加の平等性を保障する試みでもある。あるいは、高知工科大学と大阪大学を中心としたグループが自治体と組んで実践している「フューチャー・デザイン」という試みも面白い。公募や無作為抽出で選ばれた住民グループが現代世代と将来世代に分かれて議論し、将来社会のあり方を現在のまちづくりや行政計画に組み込んでいこうという試みである。前述した〈タテのつながり〉との親和性も強い。

4　地域を超えたコミュニティ

近年のコミュニティ願望について考えるとき、先の分類でいえば、「地域コミュニティ」への期待だけではなく、「所属コミュニティ」への注目という面を見逃すことはできない。言い換えれば「中間集団としてのコミュニティ」の希求であり、その背景にあるのは「国家と市場への不信」である（齋藤 2013）。グローバリゼーションがすすむなか、一九九〇年代後半から労働市場の二極化という現象が続いている（西村 2008）。総務省の『労働力調査』によれば、二〇一八年の非正規雇用者数は二一二〇万人に達し、被雇用者に占める非正規の職員・従業員の割合は三七・四％と、依然高止まりの状況にある。これは、日本型雇用システムの特徴である終身雇用制や企業福祉の恩恵を受けられる人の割合の縮小を意味し、地域、家族に続き、職場という帰属先にも期待できない状況が生じている。たとえば、「つながりが築く豊かな国民生活」を副題とする二〇〇七年度版『国民生活白書』では、家族、地域、職場という三つの場における「つながり」の弱まりと、それが精神的なやすらぎや生活の豊かさに及ぼす影響が指摘されている。

このようななか、コミュニティ願望の意味するところは、相互承認や互酬性に支えられた関係、ゆるやかでありながら持続性のある関係ということができる。ここから、包摂社会の構成原理として、「ソーシャル・インクルージョン（social inclusion）」と「ソーシャル・キャピタル（social capital）」という〈ヨコのつながり〉の基幹をなす概念が導き出される。「ソーシャル・インクルージョン」は社会的包摂、「ソーシャル・キャピタル」は社会関係資本という訳語が当てられることが多いが、いずれも一九九〇年代後半から二〇〇〇年代にかけて広まった比較的新しい概念である。

ソーシャル・インクルージョンは、「ソーシャル・エクスクルージョン（social exclusion）」と対になる概念であり、近年、EU諸国では社会政策における基本的理念として定着している。ソーシャル・エクスクルージョンは、貧困、剥奪、社会的不利などとは区別される概念とされるが、必ずしも統一した定義があるわけではなく、概ね、雇用、収入、教育、および文化的・社会的な参加の機会の喪失状態および、その過程を意味する。一九九七年に調印された欧州連合のアムステルダム条約では、貧困とソーシャル・エクスクルージョンへの対応として、加盟国政府による「ソーシャル・インクルージョンに関するナショナル・アクション・プラン」の実現を促した。このプランでは、①雇用への参加、ならびに資源・権利・財・サービスへの万人のアクセスの促進、②排除のリスクの阻止、③最も傷つきやすい人への支援、④すべての関係者の動員という四つの目標が定められている。また、二〇一〇年に欧州委員会で策定された『欧州戦略2020』では、「知的な成長（smart growth）」、「持続可能な成長（sustainable growth）」とともに、「包摂的な成長（inclusive growth）」が経済戦略として掲げられている。この包摂的な成長とは、高水準の就業率の確保、技能への投資、貧困への取り組み、社会保障制度の近代化などによる人びとのエンパワメントとつながりの強化をめざすものである。

日本において、ソーシャル・インクルージョンという概念が広がりをみせるようなった端緒は、厚生省（当時）が二〇〇〇年にまとめた「社会的な援護を要する人々に対する社会福祉のあり方に関する検討会」の提言であった。この検討会報告書では、ソーシャル・インクルージョンとは、「今日的な『つながり』の再構築を図り、全ての人々を孤独や孤立、排除や摩擦から援護し、健康で文化的な生活の実現につなげるよう、社会の構成員として包み支え合う」ことと定義されている。岩田（2008）は、ソーシャル・エクスクルージョンを「参加の欠如・不確かな帰属」と端的に表現し、ソーシャル・インクルージョンの議論は、単に排除をなくすこと＝非・排除にとどまらないと述べている。ソーシャル・インクルージョンとは、「社会の完全な成員」としてのシティズンシップの保障であり、すなわち、政治、経済、社会、文化的システム・制度への参加と帰属アイデンティティの保障を意味する。

ソーシャル・インクルージョンが政策標語であるのに対して、ソーシャル・キャピタルは学術用語であり、この四半世紀の間に、膨大な研究が蓄積されてきた。その領域も政治学、経済学、社会学、公衆衛生学、あるいは開発研究や都市計画など多岐にわたり、まさに学際的テーマとして注目を浴びてきた。しかしながら、その定義の曖昧さや多様性、測定上の問題などの批判も多くみられる。ここでは、最もポピュラーであり、またソーシャル・キャピタル研究の牽引者でもあるパットナムの定義を提示する。パットナム（2000）によれば、ソーシャル・キャピタルとは、「個人間のつながり、すなわち社会的ネットワーク、およびそこから生じる互酬性と信頼性の規範」を意味する。また、コミュニティの概念的親戚という言い方もしている。ソーシャル・キャピタルの外部効果は常にプラスとは限らず、福祉施設等を忌避するニンビー運動（Not In My Back Yard）やエスノセントリズム（自民族中心主義）の活動などが、負の事例として示されている（Putnam 2000）。そして、負の影響の発現を最小化し、正の影響である相互扶助、協力、信頼、制度の有効性をいかに最大化するかが重要であると指摘している。また、ソーシャル・キャピタルの形態として、「結束型」と「橋渡し型」という二類型が示されている。「結束型」のソーシャル・キャピタルは、社会階層や属性の面で等質性の高い集団であり、特定の互酬性と強い帰属意識に支えられた関係である。また、「橋渡し型」のソーシャル・キャピタルは、異なる属性の人や組織をつなぐネットワークであり、外部資源との連携や情報伝播において優れている。パットナムは前者を強力接着剤、後者を潤滑油と表現しているが、〈つながり〉の有用性を考える際には、つながり方の様態を考慮する必要があることを示唆している。

日本において、ソーシャル・キャピタルへの関心をより一般的なものにしたのは、内閣府が二〇〇三年に刊行した『ソーシャル・キャピタル：豊かな人間関係と市民活動の好循環を求めて』であろう。この報告書は、ソーシャル・キャピタルに関する日本ではじめての全国レベルの調査結果がまとめられており、ボランティア活動をはじめとする市民活動が、社会的な評価、信頼を得ながら、地域社会において水平的でオープンなネットワークの形成を促進し、豊かな人間関係と市民活動の好循環を導いていくことが、ソーシャル・キャピタルを豊かにする上で重要であるとされている。

近年、社会目標としてのソーシャル・インクルージョン（反社会的排除）を視野に入れ、それ自体がソーシャル・キャピタルともいえる「新しい中間集団」が注目を浴びている。これらＮＰＯや協同組合、社会的企業の一部は、生産と消費の接合という「コミュニティ形成／つながりの再構築」へのひとつの解を示唆しているといえよう。たとえば、フェアトレードやエコロジーに配慮した「エシカル消費」という動き、新しい農業の形である「ＣＳＡ（Community Supported Agriculture）」、障害者や高齢者のための雇用創出や支援付き雇用の提供の場である「ソーシャル・ファーム」、食品ロスと貧困支援を組み合わせた「フードバンク」など、多様な活動が静かなうねりを見せている。見出しに示した「地域を超えたコミュニティ」とは、「所属コミュニティ」の言い換えであるが、その核となるものが中間集団であり、中間集団を媒介として全体社会に包摂するというソーシャル・インクルージョン戦略は、地域社会の強化と並ぶ、〈つながりの再構築〉

のためのもうひとつ経路である。

5　五つの構成原理

ここまで、〈タテのつながり〉の基幹をなす概念として、①サステナビリティと②ジェネラティビティ、〈ヨコのつながり〉の基幹をなす概念として③ソーシャル・インクルージョンと④ソーシャル・キャピタルについて論じてきた。これらは、人と人とのつながり（②と④）と人と社会とのつながり（①と③）の領域に分けることもできる。これらの相互の関連を整理する前に、包摂社会の駆動力でもあり、同時にゴールでもあるエンパワメント（empowerment）について触れておきたい。

エンパワメントとは、もともと「権限委譲」を意味する法律用語であったが、一九五〇～六〇年代における米国の公民権運動を契機に、その後、さまざまな解放運動の理念として用いられるようになった。近年では、社会福祉、教育、心理、開発援助の分野をはじめ、企業経営や人材開発などビジネス・シーンでも使われている。社会福祉（ソーシャルワーク）の領域では、ソロモンが一九七六年に著した『ブラック・エンパワメント』が嚆矢であり、社会的、経済的、文化的抑圧にさらされ、パワーの喪失状態にある黒人たちが、自らを取り戻し、本来の力を回復するための援助と協働のプロセスとして提示された。エンパワメントとは、「すべての人間が本来もっている潜在力を最大限に伸ばし発揮できるような社会」の実現をめざす理念といえる（久木田 1998）。

エンパワメントは、だれもが生まれながらに可能性と潜在能力をもち、機会と環境が整えば、それらを発揮できるという前提に立っている。本稿で掲げた包摂社会は、そのような機会と環境が最適化された社会を意味する。社会的存在としての人間は、太古の弱肉強食の時代においても、現代の情報化社会においても、〈つながり〉なくして可能性と潜在能力を発揮することはできないだろう。開発学者のフリードマンはその著書『エンパワメント』（邦題は『市民・政府・NGO』）のなかで、経済至上主義の開発に「オルタナティブな開発」を対置して、その正当性の根拠として人権、市民権、人間性の開花を三つの基準として提示している（Friedmann 1992）。これは同時にエンパワメント実践の根拠でもあり、潜在能力の発揮を可能にする社会的条件の権利を主張するものである。また、「オルタナティブな開発」は三つの力の獲得を追求するものとして描かれている。すなわち、知識、情報、技術、社会組織への参加、生産の基盤となるものへのアクセスに関わる社会的エンパワメント、自らの将来に影響を及ぼすような決定過程に加わることに関わる政治的エンパワメント、個人が潜在力を感じる力である心理的エンパワメントである。さらに、フリードマン（1992）は、発展途上国の開発における権利として、政治的、経済的、社会的包摂（inclusion）に加えて、未来世代の包摂（sustainability）の重要性を主張している。これは、ソーシャル・インクルージョンの視座を〈タテのつながり〉に拡張するものである。

包摂社会を構築する上で、その社会政策上の基本理念となるものがソーシャル・インクルージョンである。ソーシャル・インクルージョンとは、すでに述べたように、政治、経済、社会、文化的システム・制度への参加と帰属アイデンティティの保障を意味する。ここにサステナビリティを接合することの意味は、フリードマン（1992）も主張するように、個人の存在意義や（人類としての）集団的アイデンティティを支えるものとしての歴史的継続性を強調するためである。また、本稿の守備範囲を超えるが、サステナビリティは人と自然とのつながりという重要な視座を有している。前述したブルントラント報告は現在でも引き合いに出されることが多いが、フリードマン（1992）をはじめとして、多くの論者からの批判もみられる。そこには、概念のあいまいさだけではなく、環境と開発の共存というテーゼそのものへの懐疑も含まれている。本稿では、サステナビリティという言葉が有する効率優先の成長主義や市場主義への批判を汲み入れ、「人と社会、人と環境の関係性を認識し、生産と消費のあり方を変革するための原理」と定義づけておきたい。

一方、ソーシャル・キャピタルは、人と人とのつながりを意味するとともに、人と社会をつなぐ媒介物でもあり、ソーシャル・インクルージョンを実現するための装置・仕組みと考えられる。パットナム（2000）は、愛他主義、ボランティア、慈善活動はソーシャル・キャピタルの中心指標であると述べるとともに、「共にすること」（doing with）と「ためにすること」（doing for）の区別についてもふれている。すなわち、これらは「共にすること」という意味において、包摂社会の構成原理としてのソーシャル・キャピタルの定義の一部をなす。

次に、ソーシャル・キャピタルとジェネラティビティとの連接についても、ふれておきたい。パットナム（2000）は、一般的互酬性の原則こそソーシャル・キャピタルの試金石であるとし、それは「直接何かがすぐ返ってくることは期待しないし、あるいはあなたが誰であるかすら知らなくとも、いずれあなたは誰か他の人がお返しをしてくれることを信じて、今これをあなたのためにしてあげる」というものであるとしている。これは、ある意味では〈タテのつながり〉の原理でもあり、歴史的存在としての人間は、そのような一般的互酬性の連鎖のなかに生きている。

最後に、ジェネラティビティとサステナビリティの関連については前述した通りであるが、ここでは他の

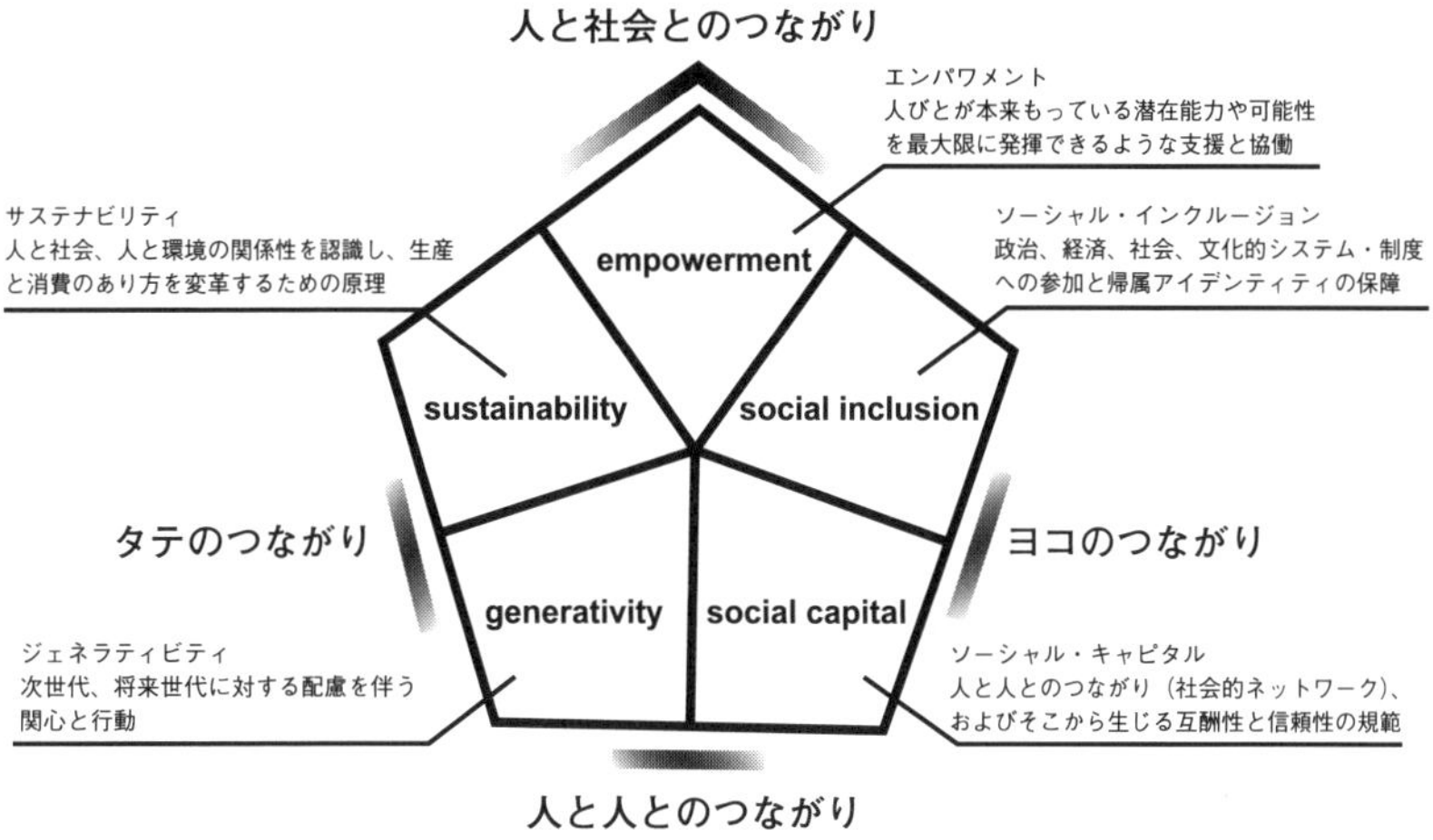
人と社会とのつながり
エンパワメント
人びとが本来もっている潜在能力や可能性
を最大限に発揮できるような支援と協働
サステナビリティ
人と社会、人と環境の関係性を認識し、生産
と消費のあり方を変革するための原理
ソーシャル・インクルージョン
政治、経済、社会、文化的システム・制度
への参加と帰属アイデンティティの保障
empowerment
sustainability
social inclusion
タテのつながり
ヨコのつながり
generativity
social capital
ジェネラティビティ
次世代、将来世代に対する配慮を伴う
関心と行動
ソーシャル・キャピタル
人と人とのつながり（社会的ネットワーク）、
およびそこから生じる互酬性と信頼性の規範
人と人とのつながり

図1　包摂社会の構成原理

概念と比べて注目度の低いジェネラティビティについて、再度その意義について述べたい。ジェネラティビティを高めることが個人のウェルビーイングの向上につながるという研究結果についてはすでに述べたが、これは心理的エンパワメントの獲得といいかえることができる。高齢化がますます進展するなか、個人の生き方の指針として、ジェネラティビティは今後さらに一層重要性をもつ概念であろう。

本稿では、包摂社会の構成原理（理論的・実践的基盤）を、ヨコのつながり（世代内あるいは同時代の関係）とタテのつながり（世代間あるいは将来世代との関係）という観点から論じはじめ、そこに、人と人とのつながり（ミクロレベル）と人と社会とのつながり（マルロレベル）という視点を加えた。ソーシャル・インクルージョン、ソーシャル・キャピタル、サステナビリティ、ジェネラティビティ、さらにはエンパワメントという五つの構成原理を整理すると、図1のように示すことができる。これらは、概念的には重なる部分もあり、特に図中で隣接する概念間の関連性は強いが、いずれも包摂社会を構築する上で、重要で固有の意義をもっている。

文献

Erikson, E. H.（1950）*Childhood and society*, W. W. Norton & Company（=1977 仁科弥生訳『幼児期と社会1』みすず書房）

Erikson, E. H., Erikson, J. M.（1997）*The life cycle completed: A REVIEW*, W. W. Norton & Company（=2001 村瀬孝雄・近藤邦夫訳『ライフサイクル、その完結〈増補版〉』みすず書房）

Erikson, E. H., Erikson, J. M., Kivnick, H. Q.（1986）*Vital involvement in old age*, W. W. Norton & Company（=1990 朝長正徳・朝長梨枝子訳『老年期――生き生きしたかかわりあい』みすず書房）

Friedmann, J.（1992）*Empowerment: The politics of alternative development*, Blackwell（=1995 斉藤千宏・雨森孝悦監訳『市民・政府・NGO――「力の剥奪」からエンパワーメントへ』新評論）

池澤夏樹（2011）『春を恨んだりはしない――震災をめぐって考えたこと』中央公論新社

岩田正美（2008）『社会的排除――参加の欠如・不確かな帰属』有斐閣

蟹江憲史（2017）「持続可能な開発のための2030アジェンダとは何か――SDGsの概要と背景」蟹江憲史編『持続可能な開発目標とは何か――2030年へ向けた変革のアジェンダ』ミネルヴァ書房

久木田純（1998）「エンパワーメントのダイナミックスと社会変革」久木田純・渡辺文夫『エンパワーメント――人間尊重社会の新しいパラダイム』（現代のエスプリ No. 376）至文堂

栗原彬（1999）「ネットワーキング」庄司洋子・木下康仁・武川正吾・藤村正之編『福祉社会事典』弘文堂

森岡清志（2008）「〈地域〉へのアプローチ」森岡清志編『地域の社会学』有斐閣

西村昌記（2008）「新しい貧困とソーシャル・インクルージョン」園田恭一・西村昌記編『ソーシャル・インクルージョンの社会福祉――新しい〈つながり〉を求めて』ミネルヴァ書房

小澤義雄（2012）「老年期のGenerativity研究の課題――その心理社会的適応のメカニズムの解明に向けて」『老年社会科学』34（1）：46-56

Putnam, R. D.（2000）*Bowling Alone: the collapse and revival of American community*, Simon & Schuster（=2006 柴内康文訳『孤独なボウリング――米国コミュニティの崩壊と再生』柏書房）

齋藤純一（2013）「コミュニティの両義性――その政治的文脈」伊豫谷登士翁・齋藤純一・吉原直樹『コミュニティを再考する』平凡社

園田恭一（1978）『現代コミュニティ論』東京大学出版会

園田恭一（1979）「コミュニティ行政とコミュニティの形成」『都市問題』70（4）：28-41

第2章　ソーシャルワーク理論における「つながり」

伊藤正子

ソーシャルワーク理論において、「つながり」という用語は特段多く使われているわけではない。しかしながら、ソーシャルワークが対象とする問題、例えば人が周囲との人間関係に行き詰まったり、病や障害によって社会参加に困難が生まれたり、景気や経済構造の変化によって職を失ったりなどの問題は、人とのつながり、社会や制度とのつながり、労働・経済システムとのつながりが、切れたり、こじれたり、希薄化したりすることなどによって生まれる問題であり、まさにソーシャルワークは「つながりに関わる問題」を扱う活動であるといえる。

そのような問題に対してソーシャルワークは、伝統的に個別援助技術、集団援助技術、地域援助技術という三つの援助技術を発展させ、実践を展開してきた。本章では、こうした様々な援助技術をもつソーシャルワークがどのように「つながり」を位置づけ、どのように扱うことによって、生活問題の解決・改善に生かそうとしてきたのかについてみていく。

1　なぜ、ソーシャルワークは「つながる」ことを重視するのか

(1) ソーシャルワーク専門職のグローバル定義にみる「つながり」の位置づけ

ソーシャルワークは伝統的に貧困問題に取り組むことから出発しており、また社会問題の解決に強い関心をもつことから、特に社会的に抑圧され、権利を奪われ、弱い立場におかれた人々に関わり、そのような人々の生活の支援と、クライエント自身の「力」を回復する実践を模索・展開してきた。その実践を支え、方向性を導く価値・原理はソーシャルワークの定義にみることができる。

今日、ソーシャルワークの国際的な基準として承認されているのは、「ソーシャルワーク専門職のグローバル定義」である。ソーシャルワークのグローバル定義とは、二〇一四年七月メルボルンにおける国際ソーシャルワーカー連盟（IFSW）総会及び国際ソーシャルワーク学校連盟（IAASW）総会において採択されたものである。日本では、社会福祉専門職団体協議会[1]がIFSWに日本国代表団体として加盟しており、同会と日本社会福祉教育学校連盟[2]が協働で翻訳を行い、二〇一五年二月一三日、IFSWとしては日本語訳、IASSWは公用語である日本語定義として決定した。

そこでは、ソーシャルワーク専門職のグローバル定義を以下のように定めている。

ソーシャルワークは、社会変革と社会開発、社会的結束、および人々のエンパワメントと解放を促進する、実践に基づいた専門職であり学問である。社会正義、人権、集団的責任、および多様性尊重の諸原理は、

ソーシャルワークの中核をなす。ソーシャルワークの理論、社会科学、人文学、および地域・民族固有の知を基盤として、ソーシャルワークは、生活課題に取り組みウェルビーイングを高めるよう、人々やさまざまな構造に働きかける。この定義は、各国および世界の各地域で展開してもよい。[3]

この定義のなかには「つながり」という用語は一度も登場しない。しかしながら本文注釈[4]説明からは、ソーシャルワークが以下の三つの観点から「つながり」を重視していることがみえてくる。

第一の観点は、問題を社会科学的に捉える視点とその解決において中核となる任務として「社会変革・社会開発・社会的結束の促進、および人々のエンパワメントと解放の促進」を採用した点である。これについてその注釈では、人種・階級・言語・宗教・ジェンダー・障害・文化・性的指向などに基づく抑圧や特権の構造的原因の探求を通して批判的意識を養い、周縁化・社会的排除・抑圧の原因となる構造的条件に挑戦し変革する必要によってソーシャルワークの介入が突き動かされると述べられている。

エンパワメントには、人びとの課題の認知の仕方とそれへの対処行動が関係する。人は、日常生活や社会生活を営むなかで何らかの問題や課題に直面する。通常、これらの問題に対して、人は利用できる資源（人、集団、コミュニティ内の資源と環境内の資源）を活用しながら、失敗や工夫を含めた生活経験を重ねていき、対処能力を発達させていく。だが、貧困、人種差別、就職難などの構造的な問題は、特定の人びとに対して直接的・間接的に繰り返し抑圧・排除を強いる社会となっており、このような人々は過度のストレス、不安、喪失感、疎外感にさらされ、対処能力を発揮できなくなっている。そのため、こうした問題に関わる社会変革のための主要な努力は環境に向けられなければならない。（Bartlett 1978: 96-107）

すなわちソーシャルワークは、特に「つながり」のダークサイド（排他的側面）について批判的・構造的に理解し介入する実践だともいえる。抑圧的な構造をとりのぞくための援助では、ソーシャルワーカーは「社会変革のイニシアチブは人々の主体性が果たす役割を認識」し、「不利な立場にある人々と連帯」することが重視されている。あくまでも問題の解決は当事者とともに、また支援に関わる人びとがつながる社会的結束を重視しているのである。

第二の観点は、ソーシャルワークが重きをおく諸原理であり、ソーシャルワークがめざす社会像ともいえるものである。それは「社会正義、人権、集団的責任、および多様性尊重」の諸原理に基づいた社会である。その注釈では、「人権と集団的責任の共存が必要である」との認識が示され、「あらゆるレベルにおいて人々の権利を主張すること、および、人々が互いのウェルビーイングに責任をもち、人と人の間、そして人々と環境の間の相互依存を認識し尊重するように促すこと」がソーシャルワークの主な焦点となっている。

ここで重要なのは、文化的信念、価値、伝統といったものが時には個人の人権を侵害することがあり、多様性の尊重と競合する価値となることがある場合である。しかしながらその場合においても、「基本的人権に基づくアプローチが、建設的な対決と解体および変化を促す」可能性をもつものとして捉えられ、そうした解体や変化は「人権という（特定の文化よりも）広範な問題に関して、その文化的集団のメンバーと批判的で思慮深い対話を行うことを通して促進されうる」との立場が明示されている。

これは、多様性を尊重し、文化に対する相対主義的な立場を有しつつも、他方では文化や価値を本質的で不変的なものとして関わることを止めるのではなく、基本的人権という価値からの対話をし続けることで新たな文化や関係性の創造を期待する立場だといえる。

第三の観点は、実践基盤となる「知」である。ここでは、従来の様々な分野における諸理論と同時に、それだけではなく、「先住民を含めた地域・民族固有の知にも依っている」との認識が示されている。ここには、「多様性の尊重」といいつつも、その理論・知識基盤には西洋の知や諸理論ばかりが採用されてきたことへの長年の非西洋社会からの批判に対応する姿勢が現れている。

そのようなソーシャルワークが「西洋の歴史的な科学的植民地主義と覇権を是正し、ローカルにも国際的にもより適切に実践される」ようになるために、「世界の先住民たちの声に耳を傾け学び、先住民の人々と共同で作り出され」る「知」に重きがおかれており、ソーシャルワークの発展のためにはより多様な「知」とつながり、またそのつながりによって創出される「知」の価値が認められているのである。

(2) ソーシャルワーク実践を支える人間観

これまでみてきたように、ソーシャルワークは人と社会における様々なレベルの「つながり」に着目し、それに必要な支援をするという意味で、「つながりに関わる実践」だということができる。この実践を支えるもう一つの思想的基盤として、ソーシャルワークがもつ特定の人間観がある。その人間観とは、Butrym が明示している「人間尊重」「人間の社会性」「変化の可能性」である。このなかでも特に「つながり」に深く関係する人間観として、「人間の社会性」と「変化の可能性」をみていく。

「人間の社会性」とは人間が一人では生きていくことができないというごく単純な事実から出発しており、共存することの必然性を示している。人間は、生命や生活を維持し欲求を充足するために他者との相互行為が不可欠となるばかりでなく、精神的・身体的面においても同様に他者を必要とする。「生きる価値」や「私らしさ」といった個性は、他者との交流のなかからむしろくっきりと輪郭がみえてくるものであり、自分にとってかけがえのない価値があらわれてくる。すなわち、人間はそれぞれ独自性を持っている生き物ではあるが、その独自性を貫徹するのに、他者に依存する存在なのだということである。

さらに身体的側面では、人間の身体は環境との関わりのなかで結果として生まれるものであるということから出発する。遺伝や先天的な障害も環境の影響を排除することはできず、それが人類の発達の段階の一つであることを考えるとき、こうした病や障害をすべて取り除くことはその進歩を妨げることにもつながる。私たちは「障害」をめぐる様々な問題から、人間や社会について、あるいは生きる上での喜びや大切なものについて、実に多くの示唆を得てきているのである。

「変化の可能性」は、人間は変化、成長および向上の可能性をもっているという信念である。人間の信念や行動は、社会的関係や責任などから決定されているという（運命）決定論的な考え方もあるが、なおも人間は理性的な判断と、将来の行動について目的をもって行動することができる可能性を持つ生き物である。この「可能性」は、他者の目的に合うように自己を変えるべきであるというような受け身的な変化を意味するのではなく、人間が人生の意味を自らつかみ、主体的に生きる自由意志をもつ存在であることに対する信念である（Butrym 1986: 61-66）。

これらの人間観は、人という存在をどのように捉え、どのように支援すべきかを考える上で重要な価値となっている。そしてそれは、個としての人間が尊重されることも、自由意志に基づく変化をもたらす可能性も、まさに「人が人とつながることのなかにその契機がひそんでいる」と捉える視点なのである。

(3)「つながり」によって得られるもの

ソーシャルワークがなぜ「つながり」を重視するのかを考えるにあたって、最後に「つながる」「つながる」ことがなぜ援助になるのかを検討しておく必要があるだろう。

人は「つながり」によって何を得られるのか。「他者とつながることの利益や効果」とは具体的にどのようなものなのか。それを象徴的に現している事例の一つに、後に「ボランティア元年」とよばれるようになった一九九五年一月の阪神淡路大震災の際の「災害ボランティア」があげられる。この震災では、延べ一六七万人もの市民が災害ボランティアとして現地に駆けつけ、様々な支援活動に参加した。そうしたボランティア活動の貢献と被災地の人々との間に生まれた「絆」の力の大きさははかりしれない。阪神淡路大震災は都市機能や住み慣れた地域を破壊し、人々は社会とのつながりを失ったものの、それを契機に、豊中市の社会福祉協議会は日常的なつながり作りにとりくみ、やがて地域の課題を発見し、解決するネットワークへと発展させ、今日、コミュニティソーシャルワークの先駆的活動となっている。

このように震災をはじめとする災害支援にみる「つながり」は、その効果を端的に現しているといえる。人と人がつながるということは、そこに何らかの交流や交換が行われる。それが肯定的なつながりであれば、受容されることによる安堵感であったり、承認や支持であったり、知識や情報であったり、あるいは物質的・経済的支援であったりする。これらは、純粋に援助することやつながることを目的とするいわば利他的な行為であるため、相手に安心感と大きな「力」を与え得る。

しかしながら他方で、他者から何らかの利益を得るための手段として、すなわち相手を利用するためにつながる利己的な行為や、自分の地位や利権を守るために相手を攻撃したり批判するという自己愛型のつながり方をする人もいる。このようなつながりは、相手に不安感や不信感を抱かせたり、相手を支配し、その「力」を奪う関係となる。

このように人が人とつながることで行われる交換には、正反対の力が働くことを認識しておかなければならない。そのため、ただつながれば良いというわけではなく、どのような「つながり」なのか、その質を問うことが重要となる。

ソーシャルワークは特に、貧困や疾病、障がい故の差別やスティグマを負った人々、何らかの事情から社会的に孤立した人々、暴力や虐待などの被害者を対象とすることが多く、これらの人々の中には、自ら援助を求めようとしない、いわばつながりを拒否する人々も少なくない。その背景には、これまでの人生のなかで人とのつながりが弱い、あるいはつながる経験を豊かに持つ機会に恵まれなかったり、今の状態が、攻撃的、否定的、排他的な人間関係（＝つながり）から起こった結果であることもあり得る。それ故、社会や他者に対する不信感を抱き、自分の存在をも否定してしまうほど、心深く傷ついていることも少なくない。

このような人びとが生きる力を取り戻すには、まず、自分自身の存在を肯定することから出発することが何よりも重要となる。そして、社会のなかでその人らしく、活き活きとした生活を送るためには、自らを信頼し、自らの意思や希望を他者に伝え、実現できるよう行動するための「力」の獲得が必要になってくる。だが、社会的な力（権力や差別的なシステム）によって奪われ、弱められた個人の力は、その人が一人頑張るだけで取り戻すのは非常に困難である。なぜならば、そこには個人では乗り越えることが困難な政治的、制度的、構造的な抑圧があり、また他者との関係で弱められた自尊心は、他者との関係によってでしか回復することができないものだからである。

他者との関係によって得られる「力」には、自尊感情、安心感、共感、疎外状況からの人間性の回復、自己有用感、他者への信頼、他者との対話・交渉力、他者との協働、課題解決力、社会行動といった社会に関与する力、そしてその結果としての達成感といった様々な段階のものがある。これらは一挙に身につくものではなく、〈他者とつながることで安心感を得る――自らを表現し、それを受け入れられる経験を重ねる――徐々に自信をもつことができるようになる――他者に向き合い、自らの希望や意思を伝え、そのことについての対話をする――実現に向けて行動を起こす〉というように、他者との関係を一つずつ段階を追って経験し、自尊感情を育む力を少しずつ獲得し、ようやく他者とつながる、といった行動力を得るようになるのであり、そうした行動の繰り返しのなかから自己実現の感覚が育まれていくのである。

従ってこれらの事実を深く認識するソーシャルワークは、その援助目標を「エンパワメントと解放の促進」におくものの、それは一気に、直線的に働きかけるものではなく、クライエントの持つ力やクライエントのおかれた状況に応じて、様々な段階の「力」が獲得目標として設定されているのであり、同時に長期的には個人的パワーの獲得から社会的パワーへの働きかけまでをその射程に入れていくのである。

2　三大援助技術にみる「つながり方」とその活用

ソーシャルワークは、伝統的にはケースワーク、グループワーク、コミュニティオーガニゼーション（のちにコミュニティワークと呼ばれるようになる）の三つの援助技術として別々に発展・理論化されてきた。現在はジェネラルソーシャルワークとして、ミクロからメゾ・マクロレベルまでを視野にいれた包括的、統合的な実践として整理されているが、実際の援助のプロセスにおいては、個別援助、小集団活動、ネットワーキングや組織化などの三大援助技術が活用されている。

すなわち、クライエントの特性や解決すべき課題に応じて、よりそれに効果的な援助方法というものがあり、ソーシャルワーカーはそれらに応じたクライエントとの「つながり方」を意識して介入している。そこでここでは、クライエントが個人的な力を獲得したり、社会的なパワーへの働きかけを行うようになるために、ソーシャルワークはどのように援助を行うのかについて、援助技術の基本である三大援助技術に焦点をあて、それぞれの「つながり方」の特質と援助の結果ともいえるその方向性（目的）の関係をみていく。

（1）ケースワーク——非対称的援助関係の限界と可能性

ケースワークは、援助者と被援助者の一対一で取り結ばれる二者関係であり、この援助専門職と被援助者との間で取り結ばれる関係を「専門的援助関係」という。専門的援助関係の最大の特質は、その関係の非対称性にある。非対称性とは、援助者が専門知識や情報を有し、被援助者はそれを知らないという不均等な知識・情報の構造があり、援助者と被援助者の役割が交換されることがない関係である。

一般に、ケースワークでは情報提供や単発の相談で終了するような場合を除き、大抵は一定の援助期間のなかで繰り返される面接相談を中心として援助が展開されるため、個別性、継続性、守秘義務の観点から担当ワーカーが特定の人に決まっていることがとりわけ重要となる。換言すれば、ケースワーク関係には、ワーカーとクライエントがしっかりとした信頼関係でつながることが必要であり、そのことが援助の効果に影響を与えるのである。

伝統的ケースワークとよぶ場合、ここでは「個人の変容」を主たる援助目標として、クライエントの抱える問題を「診断・治療」する概念が主流をなした「医学モデル」とよばれていた時代までをさすこととする。この時代は、ケースワークを専門職として社会に認めさせたいという専門性志向が強く、クライエントとの関係の結び方は権威主義的専門職主義とよばれる「上下関係」の特性を持ちやすいものであった。医学モデルのなかの代表的なアプローチは「診断主義学派」と「機能主義学派」がある。

特に援助関係におけるワーカーの専門性が強調されたのは、正統精神分析の流れを汲む「診断主義学派」であった。もともと「関係（relationship）」の概念は精神分析学が発展させたように、精神療法では治療者が中心であり、しばしば父親的あるいは母親的役割を果たすこともある。診断主義学派もまたそれをケースワーカーの実践ツールの一つとして、むしろその非対称性の関係を生かしてクライエントに無意識を自由に表出させたり、専門家としての示唆、助言、支持、感化、直接的指示、非指示といった技法や、新しい行動様式のモデリングを示したりした。

これに対して「機能主義学派」は、治療はクライエントの意志を尊重し、クライエントの創造性、独自性を助長・促進するように構成しなければならないとして、精神分析のもつ権威主義的性格を否定した。クライエントが救済を求めてきたのだから、まさにこの救済という機関の機能をめぐってクライエントの意志を援助することのなかに治療があるとして、援助者中心よりもクライエント中心で展開し、クライエントが「ワーカーの機能をうまく利用できるように援助する」ことが援助者の専門性だとされた。

いずれにおいても、伝統的ケースワークの時代においては、例えワーカーのなかでは無意識であっても、心理的にも、治療的にも、現実的には専門職として上位の立場からクライエントとつながっていた。こうしたつながり方は、援助者側の評価が一方的なものとなり、援助者の価値観の押しつけ、行動変容の強要になりかねない危険性をもはらんでいた。ことに道徳主義の時代では、貧困の原因は個人の道徳的堕落にありとして、援助の方法は助言と説教が万能薬と考えられていた。援助の目的はクライエントの「全面的更生」であり、「援助」は結局否定的なメッセージでしかなく、クライエントを無力化し、依存性をかえって強化させるといった問題もしばしば指摘されてきた。

現代では、援助関係における対等性やパートナーシップが重要だとされているが、しかしながら他方ではこのような専門職との不均等な関係がむしろ有効な場合があることも事実である。例えば地域で孤立化している人が、近隣住民よりも医者や保健師の言葉なら受け入れられるというように、その問題についての専門家だからこそ相談したい、助言を求めたいということは少なくない。

専門職は、クライエントの世界への興味本位の介入と発言を厳しく自制し、高い倫理観のもとクライエントとの適切な距離感を保つ。その専門性がクライエントに侵襲しない砦や安心感の根拠となるのである。この関係に信頼がおけるようになると、クライエントは援助者という他者に対して耳を傾けはじめる。こうしてワーカーとの専門的援助関係を通して、過去の出来事や日常の固定化した周囲の人間関係とは異なる新しい人間関係、すなわち専門的援助関係として、あるがままの自分に対する受容的で共感的な人間関係が保障される環境のなかで、徐々に自らについての洞察を深め、生き直す経験をするのである。

それは、自己肯定感であったり、理解してもらえたという安心感であったり、今後の問題解決のためにはどのようにすべきかについての福祉情報や、対処方法やその計画であったりする。いわば、専門職が社会とつながる窓口となり、クライエントがワーカーの力を借りながら、家族や周囲との関係を変容していく機会と道筋を獲得していくのだといえる。

だがケースワークでは、個人的なパワーの回復・強化を期待できるものの、それがワーカーとの一対一の関係に留まる限りは、援助される側としての立場が固定化されることになる。

(2) グループワーク――相互援助システム形成・発展のための媒介

グループワークは、同じような問題をもつ人々との「意図的な小集団経験を通じて、個人の社会的に機能する力を高め、また個人、集団、地域社会の諸問題に、より効果的に対処しうるよう、人びとを援助する技術である(Konopka 1967: 39)」といわれるように、小集団のクライエント(グループメンバー)を対象として援助者一人もしくは数名(coworker)によって行われる援助である。

ケースワークと異なる点は、ワーカーは個別化をはかりながらも小集団を援助するという立場でつながるため、専門的援助関係の影響から距離を保ちやすくなることがあげられる。また、グループワークにおける「つながり」は、援助者とクライエントのつながりだけではなく、メンバー間のつながりが含まれる。むしろ、ワーカーはメンバー間のつながり方に特に気を配り、グループワーク経験によってメンバー個々人が、自尊感情を持つようになり、また社会的経験を広げる機会を豊かにもつことができるようにすることがめざされる。

すなわち、ケースワークはクライエントが「援助される」立場から変わることがないのに対して、グループワークでは、あるときは他のメンバーを助け、あるときは自分が助けられるといった援助者役割の交換や、メンバーそれぞれの強みや個性を活かしてのグループ運営によって様々な役割取得が可能となるという利点がある。なかでもメンバー間で行われる援助者役割の交換は、援助する者が最も援助を受けるという効果として〈ヘルパー・セラピー原則〉とよばれ、自助グループ（セルフヘルプ・グループ：以下、ＳＨＧとする）の大きな特徴の一つだといわれているが、グループワークにおいてもメンバー間のなかで認められる重要な効果の一つとなっている。

このような効果・特性をもつグループワークは特に、大人に対する抵抗のある青少年や、専門職に対して不信感や懐疑心をもつエスニックマイノリティ、過度の依存性が問題になるため専門的な二者関係では距離がとりにくいケース、あるいは問題認識や気持ちを言語化することが困難な段階にある児童などに対して、言葉による話し合いだけではなく、趣味活動、レクリエーション、劇、スポーツなど様々な媒体を活用して感情表出を促し、理解する方法として積極的な意味を持っている。

またグループワークは、社会的参加と協同、学習による成長・発達、異なった背景をもつ人々の直接的な相互作用といった、クライエントの社会的なつながりを育み、個人のための相互援助システムを形成するのみならず、民主的な社会形成の基盤を作ることにもつながり、いわば個人的パワーの回復・強化と社会的パワーへ働きかける力の獲得が含まれている。この点で、グループワークは個人や構成員にとって意味があるだけではなく、社会的集団が形成されるという点で、社会的にみても大きな意味を持っている。

一口にグループワークといっても、その目的によってグループワーカーとメンバーとのつながり方やアプローチはひじょうに多様でありかつ広範な次元が含まれているため複雑である。それらを分析し整理・比較することは容易ではないが、主として、「予防的およびリハビリテーション的アプローチ」、「発達的アプローチ」、「社会的諸目標アプローチ」、「相互作用媒介者的アプローチ」の四アプローチが代表的な分類として知られている（Reid 1992: 198）。

「予防的およびリハビリテーション的アプローチ」は、しばしば治療モデルともよばれるもので、身体的、精神的、情緒的に何らかの困難がある人、犯罪、非行、社会的逸脱などの問題がある人、孤立あるいは疎外されている人などに最も効果を発揮するとされている。ソーシャルワーカーは、グループメンバーとの直接的な相互作用を通じて、メンバーに変化を生じさせる「変化せしめる人（change agent）」となる。ワーカーの働きは、中心人物つまり同一化と心理的動因の対象であったり、合法的な規範と価値の伝達者であったり、個人の目標と課題を明確にするための動機や刺激を与える人、メンバーの役割を統制する管理者であったりする。

「発達的アプローチ」は、グループを社会の人びとが成長・発達のために相互に助け合っている社会の一つの縮図と考える。ソーシャルワーカーは、「率直で、共感的で、誠実なありのままの人間の特性をメンバー達と共有する人」としてメンバーとつながり、機能損傷の予防、回復、機能の最適な発展という三つのレベルで働きかけて、メンバーの社会的機能の向上という目標を強調している。グループは、メンバーにとって自己覚知、自己評価、および自己活性化に対する各人の潜在能力を現実化させる媒体と位置づけられている。

「社会的諸目標アプローチ」は、民主主義的な参加を通して、個人の成長と発達ならびに学習を促進させていくソーシャルアクション志向のグループ活動である。ここでのワーカーのつながり方は「イネイブラー

（enabler）、可能ならしめる人」であり、グループメンバーの社会的意識と社会的責任、それらを通して市民参加、良き社会人、民主的過程の習得、などが目指される。

「相互作用媒介者的アプローチ」は、開始時における特定の目的をもたず、むしろグループメンバーの相互援助システムとしてのグループ形成支援を目標としており、個人と社会の双方に働きかけようとする援助過程を提案するものである。また、ソーシャルワークの中心的な関心となる個人と社会の間の、有機的で、体系的で、共生的な関係を前提としている。ここでのワーカーは「媒介者」の役割を担い、グループメンバー同士、および個人とグループの間のコミュニケーションを橋渡しして相互理解を深めたり、関係形成の強化を支援する（Reid 1992: 198-213）。

これらはいずれも、小集団による仲間活動を通して、人間関係を回復し、社会的機能の向上やパーソナリティの発達を目指すアプローチであり、個人または集団自身によって問題を解決する力の強化をはかることを目標としている。ソーシャルワーカーは、ケースワークと比して、援助の中心ではなく背後に退き、集団における排他的、破壊的な力に介入して葛藤解決に向かうよう援助し、また互恵的な関係は促進して、相互援助的システムへと発展するよう援助する。またそのために、クライエントと環境（施設、地域、制度等）との間の調整役も担い、個人およびグループを社会とつなげる役割も果たすのである。

（3）コミュニティオーガニゼーション——地域問題解決のための住民の組織化

コミュニティオーガニゼーションは、地域に関わる援助技術であり、もともと慈善組織協会（COS: Charity Organization Society：以下COSとする）やセツルメント運動での重要な援助技術として発展してきた。

だがCOSはケースワークへと重心をおくようになっていったため、地域との関係は間接的なものとなっていき、またグループワークともその境界が曖昧なところがあり、コミュニティオーガニゼーションの概念もその方法も曖昧で未成熟な時期が続いた。その後、一九五〇年代後半と一九六〇年代前半のアメリカの公民権運動と貧困戦争のなかで、住宅、都市再開発等の連邦プログラムで市民の計画参加・実施が推し進められ、その効果が認められるようになっていった。こうしたなかでコミュニティオーガニゼーションは、インナーシティ問題に関わるコミュニティ・ディベロップメントやソーシャル・ディベロップメント、成人教育など、社会福祉領域を超えて、困難な状況にある人々の力を強化し、そのような人々が共通しておかれた境遇についてもっとコントロールできるようにする援助技術として用いられるようになっていった。

コミュニティオーガニゼーションは、地域社会を計画的に変革しようとする方向へと変遷していくなかで様々な機能や方法が加わっていったが、これらについて体系化したロスマン（1968）によると、当時、少なくとも以下の三つの方向性があった。それは、「地域開発」、「社会計画」、「ソーシャルアクション」である。

「地域開発」方向では、基本的な問題認識を「現代社会におけるコミュニティの喪失」において、人々が自身の問題を決定したり解決したりするために広範に参加・連帯することを目的として、集団討議や自発的協同、民主的交流などの方法などが強調された。ソーシャルワーカーは、問題解決の技術や倫理的な価値観についての相談にのったり、連絡調整にあたる側面的援助者という役割となり、問題解決を志向する小集団をコーディネートしたり地域の代表者たちにワーカーの見通しを伝えることに主に関わっていた。

「社会計画」の方向では、地域における基本的な社会問題、すなわち心身の健康問題、住宅問題、レクリエーションに関する問題など、地域における問題を解決するためのいっそう技術的で、問題解決的なアプローチが重視された。これらの問題に対して、コミュニティはその問題に対する情報収集と合理的な活動の順序を決定していく。ソーシャルワーカーの役割は、事実の収集・分析・アセスメント、および介入すなわち事業の推進・促進者であり、公的組織やデータを操作することが期待された。

「ソーシャルアクション」の方向では、「コミュニティには不利な立場におかれた人々、社会的不正、剥奪、不平等が存在する構造がある」との認識にたち、人々が行動を起こすよう組織化していくことを戦略とした。そこでは、直接行動や交渉、対決、闘争などの方法がとられ、ソーシャルワーカーは、活動家、弁護者、仲介者、交渉者となり、住民組織や政治過程をコーディネートし、地域社会の権力関係の再編、資源の移行、制度の変革、サービスの開発などが志向された。

この分野の指導者であったグロッサー（1967）は、このようなコミュニティオーガニゼーションの変化について、COSの機能であった資源の分配・調整から、広範囲にわたる草の根組織や政治領域における参加へと移行し、現存する福祉サービスを規則正しく実施することに先進してきた方法に、社会変革の重視が加わり、規則やその他の環境を変えることで地域のグループに働きかけるという機能が付け加わったと述べている。そのようななかでソーシャルワーカーは、住民が地域の問題を解決するための教育者、助力者、調停者、事実の収集・分析、事業の推進・促進者、さらには弁護者、仲介者、交渉者、協働者等の様々な役割を担う専門職としてつながる方向へと発展してきた。

しかしながら、コミュニティオーガニゼーションが対象としたのは「コミュニティの問題解決力」であり、社会・経済・政治システムにおける構造的な問題そのものではなかったため、真の意味での社会正義や社会変革を実現する実践であったとは言い難い。さらには新自由主義の台頭もあいまって、構造的問題への関心・介入はいっそう困難なものとなり、ソーシャルワークムーブメントの主流にはなり得なかった。

3　問い直される問題理解の視点とそのつながり方

(1) マジョリティ社会における「抑圧」への批判――パートナーシップによるエンパワメント

一九五〇年代から七〇年代にかけて、欧米では公民権運動、フェミニズム運動、少数民族や障害者などのマイノリティの人びとによる様々な市民運動や解放運動が展開された。そうした運動に参加している人びとが、活動のなかで自信と力を強めていった様子から、エンパワメントという概念が広く定着するようになり、「当事者の主体性の回復」を求めての運動やその獲得のプロセスが研究されるようになっていった。

ソーシャルワークにおけるエンパワメント概念を導入したのはソロモンであった。ソロモンは、黒人コミュニティでの実践を続けてきたなかで、白人の抑圧的な社会的パワーにより黒人は自己否定感を内面化させ、ゲットーでは無力感が蔓延しパワーレスネス状態にあること、一方白人ソーシャルワーカーにおいてさえも意識的・無意識的な偏見や差別行動があり、サービス提供システム自体が人種差別主義であると批判した。

例えば、専門職の価値体系のなかでは、人間のニーズ、不安に対する防衛機制、治療者との間の転移現象などは共通に経験するものだとされてきたが、ワーカーとクライエントが異なる人種的背景の場合、転移がどのように違うのかについては言及されてはこなかった。援助者によるアドボカシーも、マジョリティのクライエントなら、「クライエントとして、市民として、人権としてなされなければならない」と捉えるところを、否定的な価値付けに強く晒されてきたマイノリティクライエントの場合、「ワーカーは自分と一緒に何かをしたいからではなく、自分にその能力がないと思っているから何かをしているだけなのだ」と思うことがある、とソロモンは指摘する。したがって、援助者はパワーレスネスの力動を理解していることを示す必要があり、専門的援助技術を使うことの結果についても理解していなければならない（Solomon 1976：24-25）。

さらにエンパワメントアプローチには、援助することが被援助者の依存性をつくるという本質的なパラドックスが内在する。そのためソロモンは、従来の変容に関わる援助モデルを否定し、クライエントが仲間との対話と学習による気づきを媒介にして批判的視点を獲得し、問題の効果的な変容をもたらすために、クライエント自身が影響力をもっていること、あるいはコミュニティの問題を解決するためにはコミュニティ自身が影響力を持っていることを強調した。

そして、黒人やエスニックマイノリティの問題や、無力化された状態を改善するためには、サービス提供システムの構造と支援プロセスこそが検討されるべきであり、その一連の実践過程にクライエントやコミュニティこそが問題解決の主体となることが絶対的に必要なのであり、援助者は、あくまでもファシリテーターであり、資源としての人、権利擁護者、敏感な感覚をもった人として団結する「パートナー」なのであり、決して受け身的、あるいは無力な人の問題を解決する人ではない、として援助パラダイムの転換をもたらした（Solomon 1976: 335）。

ここにみられる問題理解の視点と援助関係としてのつながり方は、専門家による面接で自己洞察を深め、クライエントが変容することで問題を解決しようとしてきたそれまでの方法とは全く異なるものであり、マイノリティが直面する「権力・差別」といった抑圧的な社会構造の方こそを問題視し、スティグマを押され、否定的な評価をくだされてきた人びとの存在とその強さを承認する肯定的な関わり方となっている。

したがってエンパワメントアプローチでは、クライエントがパワーを強化することにおいてクライエントの強さや長所といった「ストレングス」を認識し、発展する視点を不可欠なものとしている。さらに援助においては、クライエントの集団活動だけでなく、クライエントをとりまく環境、すなわち家族や教会などを含むエスニックコミュニティなど、クライエントのもつ社会資源のストレングスにも着目し、協働・連携することに重きをおいており、三大援助技術の統合的実践ともいうべきものとなっている。

このような社会の抑圧的な側面に注目をするソーシャルワーク理論には、ラディカルソーシャルワーク、フェミニストソーシャルワーク、エスニックセンシティブソーシャルワーク、クリティカルソーシャルワークなど様々な理論が登場している。これらの理論では、「回復力」や「復元力」などを指すリジリエンスやリカバリーといった概念と親和性をもち、クライエントと援助者がパートナーシップでつながり、社会関係の変容を目指した実践がめざされている。

(2) 自助グループに学ぶ非専門職による援助——相互援助の新しいコミュニティ

一九六〇年代前後に広がっていった様々な市民運動のなかに、市民運動の代表でもあり、かつ援助効果が高いものとして、当事者自身によるSHGがある。SHGはそれ以前より存在していたが、特にアメリカにおけるアルコール依存症者の自助グループ、AA（Alcoholic Anonymous：匿名断酒会）が、アメリカ精神医学会の賛同を得て急速にその数を増やしたことが、一九七〇年代におけるＳＨＧの増加を促進させた。

　ＳＨＧは、専門職の援助に依存することに反対して、同じ疾病や障害を持った人びとが、療養上における知恵を出し合い、蓄積し、療養や生活を相互に支え合う力を強調する。実際、生活問題を解決する上で、また時には病や障害、性暴力被害者等の治療、またそれらの看護、介護の領域の問題についてその効果が高く認められており、また社会的に運動体としての行動を起こしたり、自ら相互扶助を含む事業を展開しているものもある。いずれにしてもグループは反専門職、非専門職という立場で専門家に頼らず、自分たちの力で運営することが大原則となっている。

　その意味で、ＳＨＧは専門的援助の領域とは別のところで発展してきたものであるが、専門職がなし得なかった治療や援助効果について学ぶべき点が多く、ソーシャルワーク理論においても新しい援助手段として積極的に紹介され、実践上でもＳＨＧが専門家集団に向かって行動を起こすときの調整役を引き受けたり、グループ結成への呼びかけやグループ運営が順調に展開するまでを援助したり、クライエントがＳＨＧの情報を入手できるよう援助したりしている。

　前述したようにＳＨＧにおける「つながり」は、当事者同士が大原則である。当事者同士のつながりには、その仲間の間につくられる独特の信頼関係があり、そのなかで交換される体験談、生活上の知恵、自身に対する率直な振り返りや検討が、仲間への鏡となり、それまで明確にされていなかった病や生活問題に対する対処法を新たに発見させることを可能とする。

　そのことは、それまで諦めていた問題への対処や生活のあり方に希望を与え、また仲間を援助することで感謝されたり、誰にも助けてもらえず孤独だと思い込んでいた自分の体験談をじっくり聞いてもらい承認されたりすることで、徐々に自己肯定感を培っていくことにもつながる。

とはいえ、当事者同士でありさえすればよいというものではなく、参加者の自発的な参加、役割が固定化しないよう、また対等・平等・自由な関係を保障するための役割交換や匿名性の維持、さらには何かを言うことによって仲間を傷つけてしまわないことを大きな目的として、ミーティングでは非難、中傷、あるいは一般的には人を力づける励まし、賞賛なども、そうしたことを受け止めることができない状態のときには逆に負担になってしまうとして相互に自制するルールを確認した上で、「言いっぱなし、聴きっぱなし」の原則を設定している。

ＳＨＧはそれぞれのグループ内で独特の価値を主張し、病気や障害に対する異なった認識を共有し、また一般とは異なったタイプの人間関係を展開していることも少なくなく、その意味で、一種の疑似コミュニティを形成しているともいえる。それらは、時間的、空間的に制限のある関係という意味では、真のコミュニティとはいえないかもしれないが、しかしながら、心身の安定を含めて、所属感を相互に強化する活動が行われている点では当事者にとってのかけがえのないつながりであり、まさに一つの新しいコミュニティともいうことができる。

窪田（2013）はその意義について、「それが、社会から排除されたり、差別されたり、非難されたりしている自分が、安心と自由を取り戻す土俵としての存在になるならば、生活問題を抱える人びとにとっての重要な援助となり、心身の健康を取り戻す上でのかけがえのない体験を提供する場となる」と述べている。

(3) 地域におけるつながりへの注目――ネットワーキングを要とするコミュニティソーシャルワーク

伝統的コミュニティワークは、地域の問題を解決するために地域を援助する技術であったが、そこでは限られた資源ゆえ、解決すべき問題の優先順位が決められ、また個別の援助に必ずしもつながるものではなかった。一方、イギリスではコミュニティケアという長い伝統があり、そのなかで個別的援助と地域援助は切り離せないものであり、それを統合した理論化が意識されるようになっていった。そうしたなかで「地域を基盤としたカウンセリングと社会的ケア計画の統合したソーシャルワーク実践」として出されたのがコミュニティソーシャルワークという概念である。

コミュニティワークとコミュニティソーシャルワークは、その中心的な理論と方法は共通するものが多いが、その違いを明確化するならば、コミュニティワークは、社会的正義や社会的不平等にかかわる問題を地域レベルにおける政策変化を促しながら、地域住民を組織化し、集合的なアクションによりその解決を図っていく方法であるのに対して、コミュニティソーシャルワークは、社会サービスへのアクセス利便性と効率性をより高めるシステムに焦点を置きながら、個々のサービス利用者へのニーズを丁寧に満たす方法を模索するアプローチだということができる（田中 2005：11）。

日本においても、一九九〇年代後半からコミュニティソーシャルワークの重要性は強調されるようになり、特に地域包括ケアシステムのなかで、地域住民の個別相談援助からケアマネジメント、ボランティアの派遣・組織化、フォーマルサポートとインフォーマルサポートを繋げてのソーシャルサポートネットワーク形成、社会資源の開発およびコミュニティケア計画の作成までを含む活動として展開している。

その意味で日本における地域援助技術は、社会的正義や社会的不平等に関わる集合的アクションという点では未だ十分に発展しているとはいえないが、地域における個人の問題に個別的に対応をする点については、縦割り行政の弊害や制度の狭間にある問題の発見から、その解決のための住民の組織化・関係機関・団体とのネットワーク形成、住民自身による福祉活動の育成等の社会資源開発までを含めたものとなっており、より総合的なものであるということができる。

特に公的なフォーマルサポートと、家族・知人・地域住民によるインフォーマルサポートを連携させながら問題の解決・改善に取り組むことを「つながり」という観点から見るならば、援助専門職対被援助者という援助関係では、支持、助言、情報提供による広義の教育、弁護、権利擁護といった機能が、また非専門職対被援助者（例えば住民対クライエント、当事者対当事者）という援助関係では、共感、相互援助、自分一人ではないという安心感、共同作業という機能と効果があり、クライエントは様々な人びとと関わることによって、ソーシャルワーカーの限界を補うことができるシステムとなっているといえる。

4　まとめ

以上みてきたように、ソーシャルワークは人々の生活問題を、クライエントを取り巻く環境とのつながり（相互作用）のなかで生まれる問題として捉え、その解決のための介入も、クライエントと環境とのつながり（相互作用）に焦点をあて、クライエントやその環境としての人間関係、地域、制度・サービス等に働きかける援助技術として発展させてきた。それはまさに、クライエントの問題が「社会的なつながりのなかで発生する」と捉える視点であり、その解決もまた「つながり」を修復したり、新たに作ったりする方法としての「つながり」に関わる実践そのものであるということができる。

　だがここで問題となるのは、どのようなつながり方なのかということである。「治療」概念が強かった伝統的ソーシャルワークでは、専門職の視点からの「援助」が重視され、「いかに援助するか」のワーカー側の理論が中心となり、それはパターナリズム的な上下関係になりやすい性格をもつものであった。また、それは白人中流階級の援助者による、白人中流階級のクライエントを想定した理論でもあったため、その「治療」枠組みにのらない人や人種・民族的マイノリティなどは社会的逸脱者として烙印をおされ、あるいは援助対象から排除されることも少なくなかった。これらは、クライエントにとっての否定的なつながりであったことは否めない。

　しかしながら、公民権運動や市民運動が広がっていくなかで、マイノリティな立場におかれた人々の問題解決における主体性の形成と社会変革が求められるようになっていった。そうした動きのなかで、仲間集団の力や地域住民の力があらためて評価され、他方では専門職が問題解決困難としていたクライエントたちの問題をクライエント自身が動き出し、ＳＨＧ活動が成果を見せるようになるなかで、専門職の問題や限界がより浮き彫りになり、クライエント視点からの援助理論へと援助パラダイムの転換がもたらされた。

　クライエントや当事者視点からの援助理論とは、仲間から学ぶ、仲間に助けられる、仲間を傷つけないといった原理をもち、他者志向の行為ではなく、自己志向の内省的、自省的行為が起点となり、他者に対する無条件の承認に価値をおく理論である。こうした動きとその成果から、専門職は学ぶべき多くのことがあるとして、非専門職による援助を活かし、また当事者主体の援助のあり方に注目するようになってきた。

　さらに、クライエントの問題解決のためには、コミュニティや地域、制度、政策へのアプローチも一体的に視野に入れて考える必要があるとの認識が高まり、現在ではミクロ・メゾ・マクロの包括的な実践であるジェネラリスト・ソーシャルワークが主流となっている。

ジェネラリスト・ソーシャルワークにおけるつながり方は、対等性、平等性を重視した横の関係であり、また専門職、非専門職を越えてつながる協働的、重層的、共同体的ネットワークだということができる。援助専門職としてのソーシャルワークは、専門職主義から脱却して住民の支援活動やＳＨＧとつながり、ソーシャルサポートネットワークの一員となることで、よりクライエントの問題解決の本質に近づくことが可能となったといえる。

だが、ここにおいてもその「つながり方」が問題である。すなわち、ソーシャルワーカーは住民や民間の支援団体、ＳＨＧなどに機械的、安易にクライエントを紹介するのではなく、クライエントの特性に合った援助方法を見極め、つなげた後にも必要に応じてフォローアップを行い、他方では、非専門職支援者のケアやサポートを行いながら協働していくこと。そのような相互支援的なつながり方が、ソーシャルサポートネットワークの持続と発展のためにはいっそう求められているのだといえよう。

注

1　二〇一七年四月より日本ソーシャルワーカー連盟に名称変更。

2　二〇一七年四月より日本社会福祉士養成校協会、日本精神保健福祉士養成校協会とともに三団体が合併し、日本ソーシャルワーク教育学校連盟として新団体として発足した。

3　グローバル定義の日本語訳は、ＩＦＳＷのホームページ内の日本語訳より引用している。ホームページは、IFSW &

IASSW（2014）Global Definition of Social Work Profession（＝2015 日本社会福祉教育学校連盟・社会福祉専門職団体協議会訳「ソーシャルワーク専門職のグローバル定義」https://www.ifsw.org/wp-content/uploads/ifsw-cdn/assets/ifsw_64633-3.pdf（アクセス日二〇一九年五月二七日）。

4　前掲3

文献

Bartlett, H.M.（1970）*The Common Base Of Social Work Practice*（＝1978　小松源助訳『社会福祉実践の共通基盤』ミネルヴァ書房）

Butrym, Z. T.（1976）*The Nature Of Social Work*（＝1986　川田誉音訳『ソーシャルワークとは何か――その本質と機能』川島書店）

Grosser, C.（1967）"The Lrgacy of the Federal Comprehensive Projects for Community Organization,"Twenty-fifth Annual Program Meeting, Council on Social Work Education

Konopka, G.（1963）*Social Group Work A helping process*（＝1967　前田ケイ訳『ソーシャル・グループワーク　援助の過程』全国社会福祉協議会）

窪田暁子（2013）『福祉援助の臨床――共感する他者として』誠信書房

黒川昭登（1985）『臨床ケースワークの基礎理論』誠信書房

National Association of Social Work [NASW]（2008）*Code of ethics*（=2017　北島監訳『ソーシャルワーク――人々をエンパワメントする専門職』明石書店）

Reid, K. E.（1981）*From Character Building To Social Treatment*（=1992 大利一雄訳『グループワークの歴史――人格形成から社会的処遇へ』勁草書房）

Rothman, J.（1968）"Tree Models of Community Organization Practice, *Social Work Practice*, " Columbia University Press.

Solomon, B. B.（1976）*Black Empowerment: Social Work in Oppressed Communities*, Columbia University Press
田中英樹（2005）「コミュニティソーシャルワークの概念」『コミュニティソーシャルワークの理論』特定非営利活動法人日本地域福祉研究所

第3章　ホームレス生活をめぐる「つながり」

渡辺　芳

ホームレスの生活は、野宿場所・小屋、支援関係、福祉制度、地域、就労先との関係を通じて、「一般社会」と重なりつつも、「もうひとつの社会」を形作っている。ホームレス（野宿者、路上生活者）は「つながり」のない状態と一般には理解され、社会的排除の典型とされるが、実際のホームレス生活を観察すると、さまざまな「つながり」があることがわかる。しかしながら、ホームレスの生活においては、野宿を継続させる時も、野宿から脱する時も、「つながり」が生活形成にかかわる。つまり、「つながり」なしにはホームレス生活を語ることができないのである。こうしたホームレスの「つながり」を考えることは、人が関係のなかに自身を位置づけて、どのような社会に参加し、自立を遂げていこうとしているのか、関係的自立のなかにある人の姿を考えることにもつながると考えられる。

本章では、現代社会における「つながり」について、ホームレスの生活を手がかりにして、考えていくことにしたい。

1 問題の所在

人間関係、社会制度との「つながり」のない状況は、社会福祉制度・活動の対象となってきた。二〇世紀末には、そうした「つながり」のない問題状況は社会的排除（Social Exclusion）と呼ばれ、解決すべき問題状況として改めて認識された。この社会的排除をとらえる際に、ホームレスは「つながり」のない状態と理解され、その典型とされている。

しかし、実際のホームレス生活を観察すると、さまざまな「つながり」があることがわかる。そこで、本章では、ホームレス生活のなかにある「つながり」の内容、特徴についてみていくことにしたい。第一に、ホームレスの「つながり」の性格について明らかにする。ホームレス同士のつながり、ホームレスの職業に関するつながり、地域社会とのつながり、社会福祉制度とのつながり、支援活動を行うＮＰＯとのつながりをみる。そうした「つながり」に、どのような人がかかわり、どのような場所でつながるのかにも注目しよう。第二に、ホームレス生活を始めるとき、続けるとき、やめるとき、といった、ホームレス生活上のタイミングごとに、それぞれの「つながり」のもつ効果を見ていく。

本章の構成は、以下のとおりである。最初に「つながり」とは何かを確認しよう。第二に、「つながり」が強調される社会的な文脈を整理し、社会福祉制度での「つながり」を結び直す支援としての社会的排除／包摂概念に注目して、その概念の紹介を行う。第三にホームレスの生活の記録のなかから、彼ら／彼女らがどのような「つながり」をもっているのかを紹介する。最後に、その「つながり」の特徴を捉えていく。そうした作業を通じて、関係的自立を遂げるために、人が、誰と、どのように、どこで、どのような方法で、「つながり」を作り出すのか、ホームレスの生活をめぐる「つながり」を事例に考えてみたい。

2　なぜ「つながり」なのか――「つながり」の社会的背景

(1)「つながり」に注目する理由

なぜ私たちは、「つながり」に注目するのだろうか。また、「つながり」が求められるとき、それはどのような場面においてだろうか。そして、そもそも「つながり」とはなんだろうか。「つながり」は、人間同士の交流から生まれる情緒的な結びつき、助け合い、対立・葛藤から、法や制度にアクセスすることによって生まれる人間と法制度との関わりまで、幅広い概念である。本章では「つながり」を人間関係のなかにみられる様々な交流の束ととらえたうえで、法・制度と人間との関係をそれに含めた幅広い概念として捉えたい。そのなかから特に、人間同士の関係と、法制度へのアクセスによって得られる問題解決にまつわる人間関係を、「つながり」として取りあげる。そして、「つながり」には、誰と、どこで、どの方法で、といった担い手や場面、やり方が設定されている。そして、当該社会にあわせて望ましい価値観とセットでつながり方が作られる。「つながり」は、制度、家族、個人的なネットワークといったように、様々な関係を作っている。それが社会を構成し、社会福祉制度を支える価値観・構造のなかに含まれている。

それでは、どのような時に私たちはつながろうとするのだろうか。一般的に、私たちは、個人的な努力によって問題解決ができないとき、家族や友人に相談をして助言を求め、ともに解決の筋道をさぐる。それでも解決できないときは社会的・法的な問題解決方法――それは、公的機関への相談であったり、社会制度の利用であったり、裁判であったりする――に訴える。

しかし、そうした法制度へ接近することができない場合、問題解決のスタートに立てないことになる。法制度、家族、地域、就労関係などに「つながる」ことが難しい人は、困っているという自分の状況について、他の人たちに対して「自分の声をあげにくい人」「声を届かせることが難しい人」といえるだろう。そうした人にとっては、「つながる」ことが問題解決のきっかけになるため、支援制度の情報提供をし、支援制度と人を結びつけること、そうした当事者のニーズと社会資源を結び付けて自己決定をささえる仕組みを作ることもまた、社会福祉の支援となってくる。

(2) 地域の再発見

日本社会の状況をふり返ると、「つながり」「絆」という言葉がメディア報道に頻出したのは、一九九〇年代後半から続く、さまざまな日本社会の経験を踏まえてのものであった。こうした「つながり」や「絆」が強調され、その必要が叫ばれる時、それは、問題解決が自らの力だけでは難しい時期ではないだろうか。

ふりかえってみると、一九九五年の阪神淡路大震災及び二〇一一年の東日本大震災では、地域住民の自発的な活動や地域の基盤的なつながりによって、多くの困難を乗り越え、防災活動・社会福祉活動を含めたまちづくりを再編成するきっかけともなった。このように、ふたつの災害経験から「つながり」に注目し、「つながり」を再編成する動きがあったといえるだろう。

人間は、家族・親族にはじまり、地域社会・地域集団、NPO、ボランティア、自助集団など、様々な種類の小集団に「つながり」をつくりだしている。そのなかで生まれる「つながり」は、個人と、大きな社会とをつなぐ役割を果たしてきた。近年、家族や地域集団、職場集団といった比較的歴史のある集団が、個人化の浸透とともに弱体化・希薄化するとき、新たな集団形成や集団再編が起こってくる。たとえば、NPOやボランティア活動団体、自助グループ、マイノリティ・集団など、そうした様々な集団による協働を通じて、お互いに助け合い、問題解決の取り組みまでの「つながり」の力を生み出すことになる。そうした「つながり」を見える化したものが、ボランティア活動、近隣集団（町内会・自治会）によるまちづくりや、まちづくりの評価にかかわる数量的指標としてのソーシャル・キャピタル（社会関係資本）と考えてよいだろう（稲葉 2011）。地域福祉の分野では、基礎自治体による行政活動と並んで、住民参加が必須とされ、その地域福祉活動には、地域住民によるボランティア活動・NPO活動、問題当事者によるセルフヘルプグループによる活動が構成要素の一つとなっている。

二〇世紀末からつづく経済不況と少子高齢化の流れは、働き方や就労環境を変え、家族を変えてきた。こうした社会状況と連動して、法律や制度も改正が繰り返された。そこで、社会福祉制度の再編成において、「公助」「共助」「自助」のバランスのよい再構築が求められ、「つながり」方を再編成すると同時に、「助ける」主体の多様化が求められているといえる。助けることの「素人」（ボランティア・地域住民）と「専門家」（専門職、公的機関）の二分化とその協働によって、社会福祉制度が特徴づけられている。

この「公助」「共助」「自助」のバランスをどのようにしていくのか、社会のありかたにあわせてどのように再編するのか、という問題は、自立と依存（社会連帯）に関する社会のなりたちに関わる問題でもある。社会連帯問題は、社会学の始祖のひとりデュルケムの『社会分業論』における主題である。デュルケムは、一九世紀末において、人々が自立する一方で、相互依存的になるのはなぜかと問いかけた。これは、自立と連帯の望ましいバランスをどのように再編するかにかかわる問いであり、現代社会においても共通する問いかけであると考えられる。というのは、「つながり」方の内実は、人間の社会集団への依存の程度にかかわる問題であって、要するに「つながり」は社会の構成原理を問うことでもあるからである。

したがって、ボランティア活動や近隣活動のような「共助」の「つながり」を作り出すことは、「自助」（自分自身・家族による支援）と「公助」（国家の支援）だけでは、不足する「つながり」の量と質を補完し、「つながり」の再構築を目指す取り組みである。こうした「共助」への注目は、家族や企業のつながりの弱体化を背景として、地域・友人の「つながり」の再発見に向かったと考えられる。そうした「つながり」の基盤としての地域を基盤とする福祉の重要性が、高まっていくことになる。

（3）社会福祉制度のつくりだす「つながり」

国家が作り出す社会福祉（「公助」）の「つながり」はどのようなものだろうか。それは、法律・制度による社会への再参入や、自立支援、家族の形成と維持・再編成を視野においてきた。制度利用を通じて、行政組織や国家、社会とつながり、シティズンシップの獲得と納税・徴兵・教育の義務、社会福祉制度利用とがセットになった関係のなかに組み入れられていく。そして、国家の作り出す「つながり」は、その国家をささえる社会の状況と無関係ではない。

国家が作り出す「つながり」のひとつとして、社会福祉制度は、経済の結果として生み出される失業、貧困、格差といった「市場の失敗」を補完する制度であり、近代社会の個人化傾向がみられる。このように現代社会は個人化の進行によるライフコースの多様化と自己決定の重視、福祉国家の日常化によるライフコースのリスク対応装置としての社会福祉制度への依存が特徴である（Giddens 1990）。

その一方で、社会福祉制度は、特定の社会のありかたを作り出す制度として批判されてきた。たとえば、ジェンダー的不平等の構築といった文脈は、福祉国家が「標準世帯モデル」と呼ばれる男性稼ぎ型家族（サラリーマン‐専業主婦型核家族）の形成とその固定化を促す制度体系をつくっている。その「標準世帯モデル」から逸脱する単身者やひとり親世帯については、制度設計からもれている。このように、社会福祉制度によって、特定の「つながり」が作り出されていることが批判の対象になってきた。

このような社会福祉の制度設計は、ホームレス支援制度と大きくかかわりがある。日本のホームレスの経歴をみると、二〇〇〇年代までは低学歴単身の日雇い労働者男性が構成の中心である。そうした単身男性に対する福祉支援は皆無にひとしく（北川 2005）、警察による治安対策とならんで独自の地域対策（東京の山谷対策、大阪のあいりん地区対策）が行われる他、法外援護とよばれる生活保護法の対策外で、ごくわずかな支援が行われた。つまり、「サラリーマン‐専業主婦型核家族」に当てはまらない人には支援がそもそも存在しないのである。ホームレスは支援すべき社会のメンバーとして扱われていなかったともいえる。

一九九〇年代の日雇い労働者を主な出身とするホームレスは、住居を喪失するほどの極貧状態でありながらも、支援制度がない状態であったため、ホームレスの貧困は、職業・住居・人間関係の「つながり」が形成できないために生じた極貧であったといえるのである。

（4）「社会的排除／包摂」概念からの示唆

「つながり」に注目して、社会的に不利な状況にある人々について考えるヒントを与えてくれる概念のひとつに、「社会的排除／包摂」がある。これは、EUの政策概念であり、EU加盟国のフランス・ドイツから生まれた思想でもある。これは、排除が様々な生活上の困難、差別、不平等、貧困、生きづらさを生みだし、それがどのようにライフコースに作用する過程に注目し、支援制度との関わりの有無を排除の指標に盛り込んでいる点に特徴がある。就労、社会福祉制度、インフォーマルなネットワーク等の社会参加の欠如として社会的排除をとらえる。

この社会的排除の状況は、労働市場の二重化と核家族化、少子高齢化にともなって、一層深刻化した。社会制度の不備や支援の欠如だけでなく、インフォーマルな支援の少ない人々に対して、制度の創設とつながりの結び直しや創出を通じて、つながりを作り出すことが求められている。こうした社会再参入とつながりの結び直しの戦略・対策は、社会的包摂と呼ばれる。

この社会的包摂は、新しい社会を作り出す政策構想でもある。この政策が就労支援に偏りがちである点を補うために、就労による社会参加が難しい人たちに対しては、サポート付就労や伴走型支援が構想されている。多様な人々の多様な自立と社会参加を支えるしくみの必要性が高まっている。

社会への参入が難しい人々に対する受け皿として、市民社会によるつながりの再形成が注目さている。具体的には、NPO・社会的企業等から構成されたサードセクターによる社会的排除を解消する取り組みがあり、多様なステークホルダーを巻き込んでの就労支援、居場所作りといった社会参加の取り組みを通じて、社会再参入をめざすことになる。

こうした「社会的排除／包摂」概念からの示唆をうけて、「コミュニティ形成」の構想が必要となる。この「コミュニティ形成」は、支援制度へのアクセスが難しい人や、制度が未成熟であるために支援がそもそもない人をもふくめたものであって、その「つながり」は、地域コミュニティから排除された経験のある人や、マイノリティによるネットワークも含めて、相互承認の共生空間として構築されなければならない。

3　ホームレスという存在――援助の文脈のなかで

（1）ホームレスの定義

この節では、ホームレスをとりあげて、貧困者の「つながり」について考えていく。

もともと、ホームレスということばは、外来語であり、住居がないという意味をもつ。これと近接する概念には、野宿者があり、これは、野宿をしている人間、という状態をさす呼称である（青木秀男 2000）。さらに、野宿生活者、野宿労働者があり、行政用語では、路上生活者、住所不定者、法律上の名称ではホームレスがある。こうした名称のいいかえは、一九八〇年代以前に使われていた浮浪者が差別用語にあたり、それに代わる呼称の言いかえが起こった。

二〇〇〇年代以降は、貧困者のうち、可視化された状態にある人のみをホームレスという場合が多く、本章では、その周辺にひろがる住所を持てなくなるほどに困窮した人を含めて貧困者と呼ぶ。その具体像は、友人・知人・親族の住居を転々とする人、アパート退去者、ネットカフェ難民、自立支援施設入所者、無料低額宿泊所の入所者、飯場・簡易宿泊所（ドヤ）等に居住する者が含まれている（図1）。それらのカテゴ

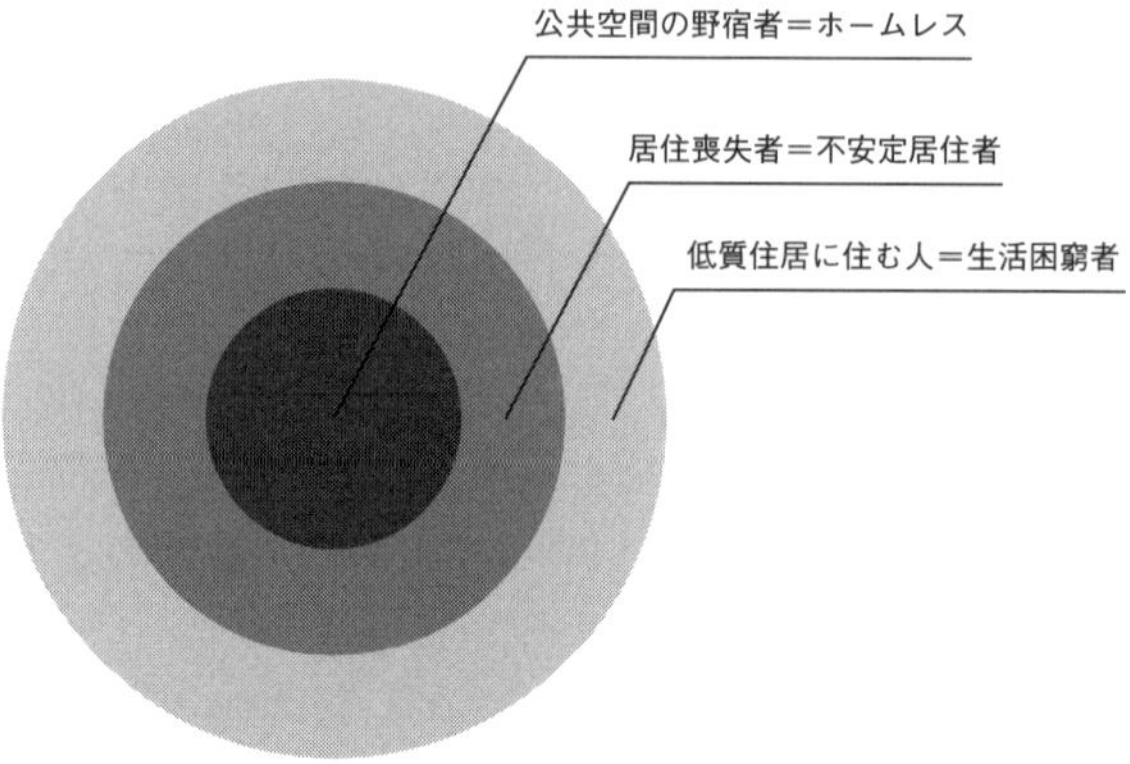

図１　貧困のひろがり：ホームレス・野宿者・生活困窮者

リーは連続しており、就労と住居、ネットワークの欠如といった要素によって、それらのカテゴリーが構成されている。本章では、可視化された貧困者であるホームレスに絞って話をすすめていく。

二〇〇二年に制定されたホームレスの自立の支援等に関する特別措置法（ホームレス自立支援法と略）による定義では、「ホームレスとは、都市公園、河川、道路、駅舎その他の施設を故なく起居の場所とし、日常生活を営んでいる者」である。特に、「自立の意思がありながらホームレスとなることを余儀なくされた者が多数存在し、それが地域社会とのあつれきを起こしている」点について、問題提起している。ホームレス自立支援法での問題提起は、自立の欠如状態としてのホームレスと、その存在が地域社会の不安を含めた地域問題となっている点を問題視したといえよう。

こうしたホームレスの存在は、一九九〇年代以前は、「普通の社会」と隣り合わせのところにある「隠蔽された外部」であった（西澤 2010）。ホームレス社会と一般社会の接点・接合については、都市下層や労働というキーワードで語られてきた。高度経済成長期を支えた日雇い労働者たちは、その労働生活のなかに野宿と簡易宿泊所の行き来が織り込まれ、彼らが高齢化すると、アルミ缶集め、廃品回収等の都市雑業に従事しながら野宿労働者となり、独自の生活世界を形成してきた。下層労働者が形成してきた都市下層社会は、社会福祉制度の利用という視点から捉えなおすと、ホームレス社会は、社会福祉制度へのアクセスがしにくい人々の社会でもある。そうした社会の人々は困窮化した時に、路上に露出した極貧状態（岩田 2007）として見えてくることになる。

私たちは、普段の生活の場面で、たくさんのアルミ缶を自転車の荷台に積んで走る人であったり、アルバイト先で一緒に働く人であったり、いろいろな場面でホームレスと遭遇している。しかし、その人がホームレスかどうかは、私たちにとっては「よくわからない」ことが多い。はっきりとホームレスとわかるとき、それは、彼ら／彼女らが、河川敷や公園に集住している場面に遭遇したり、実際にホームレスの多い都市や地域に行くことで、次第に「わかる」ようになっていく。その意味で、私たちは普段からホームレスとともに生活をしているが、それに気づいていないことが多い。

現在もホームレスは、引越、倉庫物流、建築業、警備業等の就労関係を通じて、「普通の社会」とつながっている。彼ら／彼女らの働き方は、日払いやアルバイトという就業上の地位をとるため、ホームレスの労働問題は、ワーキング・プアやフリーターに代表される非正規雇用問題を先取りする存在でもある。彼らは、簡易宿泊所（通称「ドヤ」）に長期宿泊をしたり、社宅や借り上げ住宅とセットになった就労をおこなっている。こうした労働型住宅への居住は、失業と同時に住居を失いやすい。

こうした安定した住居を持たないことに象徴される貧困は、不定住型貧困（岩田 1995）、ホームレス型貧困（岩田 2008）と呼ばれる。住居は、社会活動の起点であり、家族形成の基盤ともなる。そして、社会保障制度利用の前提となる住民登録地にもなる。住居があることで、そこを起点とするネットワークがつくられ、そこから「つながり」が形成される。つまり、安定した住居をもたない／もてない人々は、社会に参加するネットワーク参入の拠点をもたないため、「つながる」ことが難しいといえるだろう。つまり、住居は職業にならぶ「つながる」ための基盤なのである。その意味で住居のある「地域」のつながりは大きな意味を持っている。

(2) ホームレス生活の形成と地域住民との「つながり」

では、河川敷や公園などの公共空間を中心にひろがるホームレスの社会は、「普通の社会」との「つながり」はあるのだろうか。彼らは固定した住居をも持たないから、「つながり」がないのだろうか。公共空間にかまえた小屋やテントは、ホームレスの住居であり、「つながり」の起点となっている。小屋やテントは、同じ野宿をする当事者の「つながり」を維持するための基盤である。そこから、地域住民との「つながり」も生まれ、支援を受けつつ生活をするのであれば、支援の「つながり」も生まれる（図2）。

路上や公共空間で生活をするホームレスの「つながり」については、社会学者たちの質的調査による分析が詳しい。そのひとり、山口恵子は、野宿者たちの「生きぬき戦略」における「つながる」戦略と「断ち切る」戦略のフレキシビリティに注目した（山口 1998）。どちらの戦略も、社会の中に関係をつくり自分を位置づけていくことに関わる。物理的な場所の専有と当事者の社会的な場所（帰属意識）との兼ね合いで、どの戦略を取るのかがある程度決まる。特にここでは、支援をする制度がどのようなものかが重要である。というのは、支援制度の利用をめぐって、関係のつながり方が変わるためである。

たとえば、ホームレスには野宿をしながら、建築業や物流関連の日雇い労働をする人もいれば、支援団体

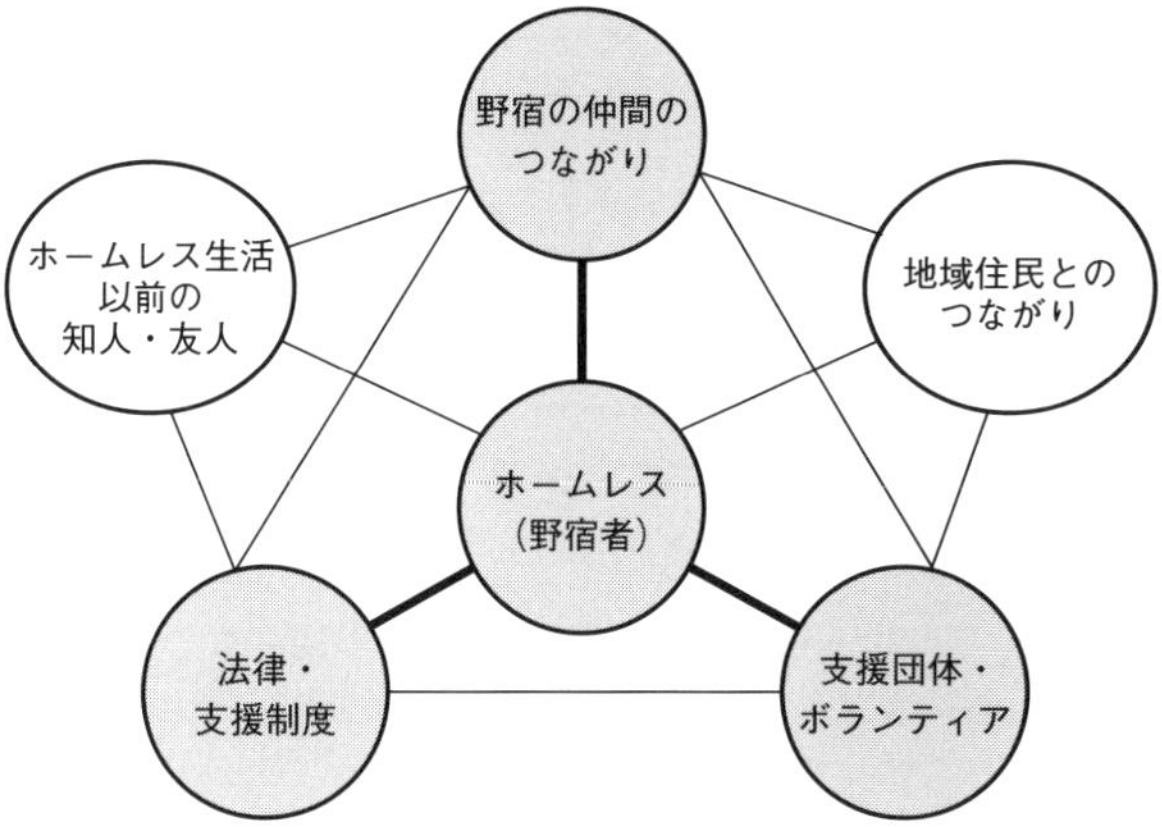

図２　ホームレスネットワーク

の炊き出しを利用して生活する人、アルミ缶を集めて都市雑業に従事する人、様々ではある。また、野宿をしながらの生活保護の医療扶助（通称、医療単給）は、しばしば行われている。このように、ホームレスは多様な生活形態をもっている。ホームレス生活を維持するためには、いくつもの「つながり」のなかで生きることが必要となる。ホームレス同士の助け合う「つながり」は、食料を分け合う、仕事を紹介する、野宿する場所の紹介、支援情報を得ること、そういったことに直結する。従って、ホームレスの「つながり」は、就労関係、居住地、外部機関（支援団体、制度）との関係から、さまざまな形を取るといえる。病弱者や高齢者は、支援団体を仲介して生活保護受給へとつながることが多い。福祉的支援を受けながら、身体の動く限りは働き続ける人たちもいる（「半福祉・半就労」）。支援団体の炊き出しをあちこち巡回して生活の糧を得る人、支援団体の炊き出しを手伝うことが半ば「本業」となっている人は、支援制度とゆるくつながって生きていくことになる。

このように、ホームレスたちにとって、支援団体の「つながり」のもつ力は大きい。支援団体は、行政支援の介入ルートの一つであると同時に、ホームレスの代弁を行う社会運動体であり、市民がホームレスを知るボランティア活動の担い手をする中間的な存在である（山北 2014）。支援団体の「つながり」は、生活のスタイルを形成し、あるときは野宿を維持する方向へ、ある時は野宿を脱する方向へと働くことになる。

一方、国家の作り出す制度の「つながり」は、多くの人々や関連機関が関わり、ひとりの人生を左右するほどに大きな力である。それは、ホームレスを含む多くの人々にとって共通である。生活保護が受給しやすい年齢及び年金生活ができる年齢に達することは、それはホームレスにとって、野宿をやめる重要なきっかけになる。

たとえば、年金支給や生活保護制度の受給しやすい年齢になるまで「仕方なく」野宿を続ける人は数多い。また、身体を壊したときや高齢者になったとき、生活保護制度や年金制度の利用を考えるようになる。とはいえ、社会福祉制度の利用がホームレス生活からの完全離脱であるとは限らない。年金受給をしつつも、支援団体の手伝いをしながら七〇歳を越えても野宿生活をする人、生活保護を受ける簡易宿泊所とかつての野宿場所を行き来して畑仕事をし、ホームレスの「つながり」を保つ人、実にさまざまである。

また、社会福祉制度に関わることで生活が安定することもあれば、破綻することもある。野宿をやめて地域生活に移行しても、地域生活を継続するためのサポートが必要であり、野宿生活を辞めたのちのアフターケアや伴走型支援が不可欠である。その意味で、ホームレス支援は、生活保護を受給してからが支援の再スタートである。

もちろん、人はそうした社会福祉支援だけで生きていくのではないことも重要である。社会的排除は文化的側面にもおよび、アイデンティティ移行が重要な課題である（樋口 2004）。地域の一員としてその社会に参加して生きることは、アイデンティティ移行を伴う。ホームレスたちは、生活保護や年金を受給しながら、元ホームレスというアイデンティティを身につけ、そこから地域生活を送る高齢者へとアイデンティティを移行していくのである（渡辺 2013）。そのプロセスを見守る支援も社会福祉の支援として必要だろう。

このように、社会福祉制度がライフコースのなかに組み込まれており、その利用が当然視される場合、社会福祉制度との出会いは、社会的な「つながり」形成につながっていく。炊き出しや法外援護、支援団体との関係、社会福祉制度などをあわせて考えてみると、支援や援助は、社会との「つながり」を作り出す。それは「普通の人々」であってもホームレスであっても同じであるといえる。

4　路上ホームレスの語りからみる「つながり」

（1）調査の方法

ここで取り上げたデータは、筆者が二〇〇七年から二〇一一年まで、神奈川県川崎市での参与観察を通じて得たものである。筆者は、川崎市のホームレス自立支援施設の勤務、ならびに支援団体への活動への参加を行なっている。データの利用に関しては、インタビュー対象者からの許可を得た（表1）。引用の括弧内は、インタビュー実施日、性別、年齢、野宿場所（生活拠点）、野宿理由である。データ内の［　］は筆者による補足、――は筆者の問いかけ、傍線強調は筆者による。ICレコーダの使用は、許可を取ることのできた人のみ行なった。支援団体のパトロールの過程でインタビューを実施した人々は、メモを取りながらのインタビューである。調査時における制限は、生活の聞き取りに関しては構造化された質問項目があり、ま

表1　対象者一覧

対象者	性別	聞き取り日時	聞き取り当時の状況	年齢	野宿要因（脱野宿要因）	最長職	現在の収入源／生活形態	野宿歴と生活形態
Aさん	男	2011.08.20	野宿	40代	仕事の減少	運送	解体業	河川敷でテント
Bさん	男	2007.08.29	野宿	30代	失業	印刷	アルミ缶回収	公園でのテント小屋
Cさん	女	2007.07.25	住居喪失危機	50代	夫の死による収入減と住居喪失	主婦	貯金	賃貸アパートと公園の往復
Dさん	男	2011.08.13	野宿	30代	失業と住居喪失、ギャンブル	サービス業	船舶業（10回／月）	河川敷のテントで10ヶ月
Eさん	男	① 2010.12.04 ② 2011.8.13 ③ 2012.04.05	①②野宿 ③支援施設利用	60代	仕事の減少（NPOスタッフ説得と年金受給）	電気	警備	河川敷でのテント11年
Fさん	男	2007.07.25	野宿	60代	仕事の減少（高齢による支援施設利用）	建築土木	アルミ缶回収	公園でテント生活2-3年
Gさん	男	2013.08.17	生活保護	60代	仕事の減少（病気）	建築土木	生活保護	河川敷で小屋15年

た、市の巡回相談活動を兼ねているため、調査者は「支援団体のメンバー」としての振る舞いを求められている。そのため、調査は、支援制度・組織からの制約をうけていると考えられる。調査は、二〇〇七〜二〇一一年にかけてのデータであるため、支援制度の変更およびホームレス人口の質的な変化がある。

（2）住民と葛藤と交流

ホームレスの「つながり」はさまざまである。そのなかでも、ここでは、地域住民とどのような「つながり」があるのかに注目する。ホームレスと地域住民の接触・交流には、暴力を伴うものから、情緒的な交流、情報交換や助け合いなど、さまざまな社会関係を伴っている。

「ホームレス自立支援法」では、住民

との「あつれき」解消が解決すべき問題のひとつである。この地域住民とのコンフリクトだけが住民とホームレスとの関係ではないといえるだろう。

【事例1】地域住民との接触——襲撃

Aさんと河川敷のテントの前で会う。ちょうど、襲撃があったと支援団体に連絡があり、その時の様子について聞くことにした。Aさんは、タバコをすいながら、自宅の小屋の前で、襲撃時の状況を話してくれた。

——どんな状況だったのですか。

「小屋にむかって花火とタバコを放りこんできたんだ。ちょうど早朝だったけど、仕事から帰ってきたばかりで。こっちをおじいさんだと思っていたようで、むこうはこっちをみて『おじさんなの！』とびっくりしていた。それで、『もう来るなよ、弱い者いじめすんな』って。」

「［襲撃に来た］子どもに脅しをかけたら二度と来ない。」

「［襲撃にきた子どもは］まだ中学生で、前も襲撃に来て、学校から注意を受けていた。今回の襲撃で、学校と警察が動いて、大事になったんだ。」

Aさんの小屋の襲撃は、支援NPOを経由して地元の教育委員会へと連絡が行き、その後、襲撃をした中学生達からホームレスたちへの謝罪の場が設定された。この襲撃をきっかけにして、学校ではホームレスの人権やいじめ・差別に関する取り組みの時間が設定され、支援NPOが再発防止のための講演を行った。

ホームレス同士には小屋の見回りや情報交換の交流が生まれた。支援NPOは巡回相談のルートにAさんの小屋を組み入れ、定期的にAさんの小屋を見回るようになった。

小屋への襲撃や暴力は、学校の長期休みにおこる事が多い。聞き取りをする過程でしばしば耳にするのは、襲撃に来る子どもに対する怒りばかりではない。彼らの語りからは、襲撃をする子供達も寂しいのだ、という、子供達へのいたわりが垣間見られる。そこには、勉強ができなかったり、親にかまってもらえない、友達がいない、という子どもと自分たちの状況への重ね合わせによる共感や同情である。Aさんとのつながりは、子供達、住民とのつながり、教育行政とのつながりへと連動する可能性をもっている。

地域住民とのかかわりについていえば、子供たちによるテント襲撃によって、支援NPOと教育委員会が動き、支援の動きがAさんにかかわるようになった。この事例のように、野宿生活における危機的な状況は、支援制度や組織とのかかわりを生み、このほかに、ホームレス同士の連絡関係を作り出し、相互援助のコミュニティが形成されるきっかけともなる。

（3）荷物の預かり関係

ホームレスと地域住民の接触は、もちろん、襲撃や暴力だけではない。【事例2】Bさんの話では傷害事件となって警察に通報する事態となったが、もともとは荷物の預かりをしてくれる地域住民がいて、定期的に公園で交流する等、良好な関係を築いていたという。それが、傷害事件となり、Bさんはそれをどのように解決し、以前のように荷物を預かってくれるようになるか、悩んでいた。

【事例2】 地域住民との接触——荷物のあずかり

Bさんは、近隣住民のガレージに荷物を置く件で、地域住民からの傷害事件が起こり、ホームレスたちの意見を取りまとめていた。

——何があったのですか。

「荷物トラブルだよ。［それまでは］他の住民が預かってくれた。」

——これまで荷物はどうしていたの？

「隠しておいたり、空き地においたり。多少とられている。こういう生活をしていると荷物があると身動きがかえってとれない。」

このBさんの語りは、Bさんと地域住民との関係の近さを示している。距離の近さが接触と交流、そして対立と葛藤を生み出している。ここでのBさんの語りは二つの内容を意味している。一つ目は、荷物を所有することの意味が、一般生活とホームレス生活では異なることであり、二つ目は、荷物の預かりを頼むことのできる近しい関係を地域住民と形成していた、ということである。こうした「つながり」は日常生活のなかに位置づけられている。

（4） 公園は「交流の場」

公園は、テントをはる野宿場所であると同時に、交流の場でもある。筆者の参加した巡回相談のルートのひとつにあるT公園では、宴会が定期的に開かれていた。にぎやかなその場所では、定期的に地域住民とホームレスとの宴会があるという。公園の近くには、公営団地があり、独居の高齢男性が酒をもって話し相手を求めてやってくるのだという。

【事例3】宴会をする地域住民

Cさんは、公園での宴会をしていたところに遭遇した女性である。彼女は東京都内で飲食業で働いていたが結婚により退職した。子どもはいない。夫の死により収入が減少し、アパートの家賃が払えなくなった。これからの生活を相談したいという。

――これからどのように生活したいですか

「お父さん［＝夫］に死なれて、お金がないの。犬を飼っているから施設はいや。生活保護は受けたくない。（中略）福祉はいらないから仕事を紹介して欲しい。家賃は一二月まで払っているから、それまでに仕事を探したい。」

「今は電気と水道が止まっているから、夜中にこっそり帰っている。食べ物はここのひとたちからもらって食べて……。」

地域住民とのかかわりは、襲撃といった攻撃的・排斥的なものだけではない。地域差はあると考えられるが、【事例2】のように、地域住民が荷物のあずかりをする例、【事例3】のように、公園でホームレスとアルコールを交えた宴会を定期開催する例があり、「ホームレス社会」と「普通の社会」は、相互の境界線を重ね合わせた部分があるといえる。パーソナルな対人接触をともなう「つながり」をも持っているのだ。

5　ホームレス生活を継続するインフォーマルな「つながり」

ここからは、ホームレス生活の「つながり」についてみていくことにしよう。前述のように、ホームレス生活のなかにはふたつの「つながり」の力が働いている。一つ目は、野宿生活を円滑にすごせるように働く力があり、ホームレス生活を送るための「つながり」を作っている。その「つながり」の基盤にあるのは、就労関係、襲撃が起こった際の対応関係など、様々な人間関係である。河川敷でのテント定住は、就労を通じたつながりのなかで居場所を確保できたことの結果でもある。ここでは、野宿生活の継続をめぐる「つながり」についてみていくことにしよう。

(1)　依存症とペット——当事者の「つながり」とコミュニティ形成

ホームレス当事者の関係は、ホームレス生活を継続するための「つながり」として機能する。その「つながり」ゆえに、野宿を続ける理由が生まれて、ホームレス社会に定着をしていくことになる。

【事例4】ギャンブルのつきあい

Dさんとは、日中に、河原で涼んでいるところで出会った。河原の小屋の前にビーチ用の長いすと麻雀卓を置き、そこで麻雀に興じていた。Dさんの現在の仕事は船舶関係で、麻雀を通じた人間関係から仕事を紹介してもらっている。彼はギャンブル・コミュニティの一員となることで、彼は野宿しながらの就労生活を継続している。

「［ホームレス生活を］始めた頃は、仲間に入れてもらえないと思っていた。一ヶ月も持たないだろう、と。居心地がよくなきゃ、ここにこんなにいないよ。」

「ここにいる間に、車の免許更新もできた。こういう生活をあんまり長くするのはよくないとは思っているんだけど……。」

ペットは、同居する家族であり、親密圏を形成する。また、ペットのつきあいは、野宿者と地域住民との関係を生み出すこともある。例えば、ホームレスが行う公園に作られた地域猫シェルターの管理、河川敷を利用したショッピングモールの買い物客向けの犬の預かりなどである。ペットは野宿生活にリズムを与え、生活に型を与えていく。

【事例5】ペットという家族

Eさんは、小屋で猫を飼っていた。猫は彼の子どものようなものであり、猫を中心に生活を行っていた。筆者が巡回相談の際に、のぞいた彼の小屋には、猫のカレンダーが飾ってあり、猫のエサを保管する棚が整然と並んでいた。のちに、彼は野宿生活をやめて、アパートで生活することになる【事例7】。彼はホームレス生活をふりかえり、筆者に語っている。

「野宿生活は、［川崎の］ＪＲ線の線路のあたりに一一年住んでいました。（中略）四匹猫がいたから［野宿を］辞める踏ん切りも付かなくて。」

「仕事ある時は仕事して。あとは猫にエサをやるためにカン集めしてた。猫は俺より良い物を食っていた。（中略）猫のエサの為に働いていたような物で、それが生き甲斐だったね。子どものようなものでさ。」

ホームレス社会におけるコミュニティの形成は、その生活を安定させると同時に、「普通の社会」への移行を難しくする。「普通の社会」において、家族形成は、住居や職業生活の安定をもたらすことが多いが、ホームレス社会においては、ホームレス生活の長期化をもたらすことになる。これは、ある生活の型を形成するとそれを維持するように働く「つながり」が、野宿生活においても働いているといえるだろう。

（2）ホームレス生活の継続と知人からの援助

【事例6】野宿生活の継続と施設生活の拒否

Ｆさんはカン集めをしながら生活をしている。公園でテントをはり、集めた缶を黙々とつぶしていくのが日課である。カン集めをするためにアパートへ入りたくはない、という。Ｆさんはカン集めをして生活するほか、週に一回ほど前の職場の知人からの差し入れがある。Ｆさんは、彼はこの「就労自立」生活をできるだけ延長したいと考えていた。

――今はどんな仕事で生活をしてますか。

「今の仕事はカン集め。今の生活でやれるだけのことをする。倒れちゃったら仕方がない。」

――これから先のことで考えていることは？

「飯場で一緒だった○○さんがなくなったとき、家族が引き取りを拒否して無縁仏になった。今は役所が葬式の世話をしてくれるから、それでかまわない。自分は無縁仏になる。施設には入りたくない。割り切ってないとこんな生活できないよ。」

のちに、Fさんは、自立支援施設を経て、生活保護を受給するに至るが、それはぎりぎりまで彼の考える自立を維持し、それができなくなったら、あきらめて「役所の世話になる」という彼の考え方を示している。高度経済成長期に若者であったFさんの姿から、日本の壮年男性の自立像をみることができるし、そうした就労自立イデオロギーが、彼の人生を支えてきたともいえる。

野宿生活にみられる自立は、とぎれとぎれの就労による社会との「中途半端な接合」（岩田 2008）の連続であって、就労による自立と社会参加の主なやり方である。野宿をしながらの就労自立は、ある意味過剰な自立志向の表れと考えることが出来る（妻木 2003）。野宿生活の継続も「自分で生活できる」という自負があってこそ、成り立つ。

このように、就労自立志向も、野宿を続ける方向に働くことがある。みずからの生活を自らの労働で支える（自助努力）という意味では、ホームレスは自立を達成しているが、それは、ホームレス社会内部での自立であり、「普通の社会」における自立を意味していない。それは、支援の拒否というかたちをとることもある。この就労自立によるつながりは、制度とのつながりの拒否を通じてつくられる「つながり」である。

6 ホームレス生活をやめる「つながり」

(1) ホームレスをやめるとき

では、どのような時にホームレス生活を中断するのだろうか。一つ目は、ホームレス生活が、天候や環境などの要因で成り立たなくなる時である。台風や洪水で小屋が流される、あるいは、小屋が撤去される等の理由で、住む場所を失う、襲撃にあい怪我をするなどして仕事を失う時である。二つ目は、仕事を獲得して収入を確保し、住居を維持できるだけの収入を獲得したときである。ただし、その仕事が不安定なものであったり、社宅つきの仕事であった場合、ホームレス生活に戻る場合が多い。三つ目は、病気になったり、高齢化してホームレス生活を継続するのが難しくなった時である。病気になることで野宿をやめざるを得ないこともあれば、年金受給ができる年齢を待って野宿をやめることもある。制度利用が生活設計の前提となって、福祉国家システムのなかに組み込まれているという点では、ホームレスも「普通の人」も変わらない。【事例7】のEさん（【事例5】のEさんと同一人物）は、年金支給開始年齢になったことで、野宿を辞めた例である。四つ目は、社会福祉制度利用を決心したときである。自立支援センターの利用をして、就労自立をしようとする意思は若年層から壮年層のホームレスに見られる。野宿したばかりの時は、支援利用の決断をしやすいが、野宿が長期化するにしたがって、ホームレス生活の「つながり」を得て、ホームレス社会に定着をし、支援拒否をする場合も生まれる。

（2）制度利用と支援団体

【事例7】

前述の【事例5】でとりあげたEさんは、年金受給開始年齢の六五歳になると野宿生活をやめて、アパート生活に移行した。支援団体のスタッフは、Eさんの説得にあたり、粘り強くアパート生活への移行を支援した。Eさんは、家族同様にかわいがっていた猫を近所の野宿者に預けて、小屋を片付け、自立支援施設で短期宿泊をしながら、アパート生活の準備をした。

高齢となったホームレスが野宿生活をやめる場合、日ごろからの支援を行う支援団体や巡回相談員に相談をして、そのゆるいつながりのなかでホームレスの辞め時を考えていく場合が多い。野宿をやめるタイミングは難しく、一定の型を持った生活を変えることは容易な決断ではない。そんな時に、生活保護申請に同行し、受給後の生活の安定をめざして介入する専門職やボランティアの存在は大きい。支援は、野宿生活に区切りをつけて、アパートや施設に入居してからも、支援団体や当事者との「つながり」が、アフターケアとしてゆるやかに続くことになる。

ホームレスの多くは、家族や友人の存在が、野宿をすることによって断絶しているので、野宿をしていたときの「つながり」の内容は、生活保護の生活を続けられるかどうかに影響を与える。生活保護でのアパート生活をスタートさせても、完全に野宿のつながりを断ち切ろうと苦慮する人もいれば、野宿のつながりを保ったままの人もいる（渡辺 2010）。ホームレス生活に再び戻るような「つながり」もあれば、生活保護生活を続ける「つながり」もあり、どちらの「つながり」のなかで生きていくのか、ということである。

(3) 地域自立生活を続けるとき

では、どのような「つながり」がアパート生活を継続させるのだろうか。継続要因の一つ目は、住まい以外の活動の場や、居場所があるかである。これは、日中活動の場と言い換えてよいだろう。日中活動での居場所を拠点として、生活の形を形成し、人間関係をつなげていくことになる。二つ目は、支援団体を介した人間関係の形成ができるかどうかである。ホームレス生活をやめた後、支援団体の活動に積極的に参加しているという元当事者は、「ホームレス以外の友達作り」が肝心であると述べている(渡辺 2010)。

【事例8】

Jさんは、生活保護を受給しながら簡易宿泊所(ドヤ)に暮らしている。毎日、かつて住んでいた小屋に自転車で通い、河川敷の畑で野菜を作っている。彼が、ドヤでの暮らしと小屋との往復を続ける動機付けは、畑仕事と小屋に残した猫の世話である。野宿の時に飼っていた犬は里親に預けたが、猫は小屋で面倒を見ているという。

――農家のご出身ですか?

「いや、生まれは農業の家でないよ。見よう見まねで畑を作った。仲間から教えてもらった。」

――ドヤから小屋に通う理由は?

「猫がいるから。猫はえさをあげれば何とかなるけど。犬は里親へ預けた。犬は別の名前をつけられてかわいがられているときいて、複雑な気分になる。」

7　ホームレス生活をめぐる「つながり」

ここまでみてきたホームレス生活に登場する「つながり」について整理をしてみよう（図3）。ホームレス生活には、ホームレス生活を継続する「つながり」と離脱させる「つながり」がある。公的な社会福祉制度の支援、当事者「つながり」によるたすけあい、かつての就労関係で得たつながり、地域住民とのつながり、など、フォーマルな「つながり」とインフォーマルな「つながり」が、野宿継続に働く場合と、野宿からの離脱に働く場合とがある。

こうした「つながり」の利用について、ホームレスの人々へのインタビューからわかることについて、確認をしよう。一つ目は、ホームレスとして生活する（＝ホームレスとして自立生活を達成する）ためには、ホームレス社会に存在する「つながり」を利用して生きていく。そこでみられる過剰ともいえる就労自立志向は、ホームレス生活を継続させる「つながり」の基盤となる。二つ目は、それは「一般社会」との窓口として機能していることである。ホームレス生活は、ギリギリの綱渡り生活でもある。災害や事故、加齢・障害によって、ホームレス生活から脱却をせざるを得ないときがある。そうしたときに、利用可能な資源は社会福祉制度であり、社会福祉制度を通じた「つながり」の力は、野宿生活の定着にも向かうし、ホームレスたちを「福祉受給者」として取り扱い、「一般社会」への再参入を目指して、ホームレス生活における「つながり」を断ち切る力としても働いている。

三つ目は、「つながり」は、両義的な意味を持っていることである。「つながり」の力は、社会に定着させ

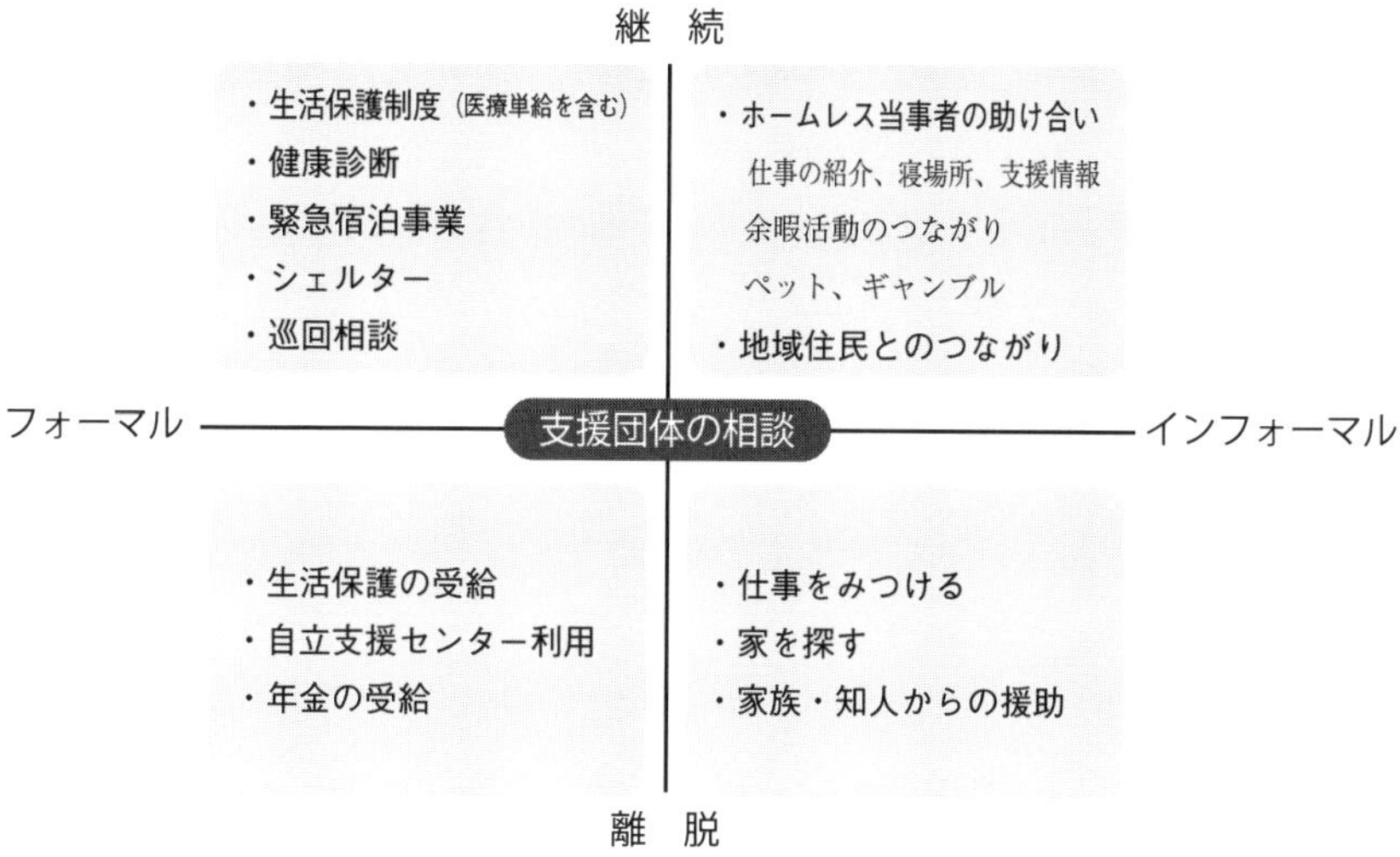

図３　「つながり」の類型

る力であって、集団圧力であり、集団化させる力であることである。「つながる」ことで、問題解決になることもあるし、問題をより深刻化させることもありうる。後者は、いわば、社会関係資本のダークサイド部分である。

こうした「つながり」の力を利用して生きることは、どこの社会で生きるかという問題と関連する。「つながる」力のよしあしは、何を望ましいとするのかという社会の判断にかかわる。それが常識としてなんとなく共有されている場合、それがはっきりとは見えにくい。ホームレスの存在を手がかりにして「つながり」を見ていくと、その社会の判断や常識の姿を捉えることができる。

最後に、社会福祉制度の「つながり」について、述べておきたい。社会福祉制度は、「つながり」を結び直す公的なしくみのひとつである。社会福祉制度は、対象者を選定し、それに対する自立を助長し、社会復帰・社会適応を促す力をもっている。そうした自立する力は、野宿定着にも脱野宿にもどちらにも働いている。そこにある差は何だろうか。「つながり」の関係を選ぶ可能性であったり、「つながり」の内容の選択肢の幅でもある。そうした選択可能性は、もともとその人が持っている社会的ポジションや階層の問題を無視することはできないと思われる。そうした階層問題に対して、社会福祉の「つながり」はどこまで介入できるのか。この問題をどのように考えていくのか、それが今後の課題である。

ホームレスの「つながり」は、多岐にわたっており、野宿を継続させる時も、野宿から脱する時も、「つながり」の効果がある。「つながり」なしにはホームレス生活を語ることができないのである。

文献

青木秀男（2000）『現代日本の都市下層――寄せ場と野宿者と外国人労働者』青木書店

Giddens, A.（1990）*The Consequences of Modernity*, Polity Press（＝1993 松尾精文・木幡正敏訳『近代とはいかなる時代か？――モダニティの帰結――』而立書房）

稲葉陽二（2011）『ソーシャル・キャピタル入門――孤立から絆へ』中公新書

樋口明彦（2005）「現代社会における社会的排除のメカニズム」『社会学評論』217

岩田正美（2008）『社会的排除――参加の欠如・不確かな帰属』有斐閣

岩田正美（2007）『現代の貧困――ワーキング・プア／ホームレス／生活保護』ちくま新書

岩田正美（1995）『戦後社会福祉の展開と大都市最底辺』有斐閣

岩田正美・西澤晃彦編（2005）『貧困と社会的排除――福祉社会を蝕むもの』ミネルヴァ書房

北川由紀彦（2005）「単身男性の貧困と排除――野宿者と福祉行政の関係に注目して」岩田正美・西澤晃彦編著『貧困と社

会的排除――福祉社会を蝕むもの』ミネルヴァ書房
西澤晃彦（2010）『貧者の領域』河出書房新社
妻木進吾（2003）「野宿生活――「社会生活の拒否」という選択」『ソシオロジ』48（1）
渡辺芳（2010）『自立の呪縛――ホームレス支援の社会学』新泉社
渡辺芳（2013）「ホームレス支援におけるケア・ネットワーク――川崎市における地域生活支援を事例に」小宮信夫・鴨志田康弘・細井洋子編著『リアリティと応答の社会学』風間書房
山口恵子（1998）「新宿における野宿者の生きぬき戦略――野宿者間の社会関係を中心に」『日本都市社会学年報』16
山北輝裕（2014）『路の上の仲間たち――野宿者支援・運動の社会誌』ハーベスト社

第4章　社会的企業の諸概念と社会包摂戦略

事業構造とその特質の視点から

熊田博喜

一九八〇年代以降、社会福祉の領域では地域福祉の進展に伴って、在宅福祉サービスの提供を担う主体の多様化が進んだ。このような主体の多様化は、公的セクター以外のセクターの拡大を生み、ボランティアやＮＰＯなどを主体とするサードセクターが、在宅福祉サービス提供主体の中で、質・量ともに大きな位置を占めつつある。

一方で地域福祉の進展は、在宅で生活する対象者、特に高齢者や障害者の生活介護を旨とする支援の端緒となったが、地域・社会の構造変容、更には行政のサービス提供構造の複雑化に伴い、ホームレス問題や障害者の就労問題など、これまで可視化されてこなかった問題が新たな課題として浮上しつつある。

このような問題解決の主体としてサードセクター、特に「社会的企業」と呼ばれる新たな主体が公的セクターから提供されるサービスの隙間を繋ぎ、更には公的セクターのあり方にもインパクトを与える実践を進めるかたちで支援を展開し、大きな成果を挙げてきている。

本稿では近年、社会福祉の領域で注目を集めつつある「社会的企業」という新たな主体を「つながり」、具体的には社会的包摂（ソーシャル・インクルージョン）の視点から検討することを目的とする。社会的包摂とは、「関係の不足や複合的な不利、排除のプロセス、空間的排除、そして制度的排除といった多様な問題状況」（岩田 2008）、すなわち社会的排除（ソーシャル・エクスクルージョン）状況にある者を制度や地域という視点から関係を再度、取り結ぶことであると定義するならば、社会的企業はどのように「つながり」を再構築しようとしているのであろうか。

まず、社会的企業の基本的な考え方や視点を確認した上で、社会的企業がどのように社会的排除状況にある対象者の社会的包摂を実現しているのかいくつかの実践事例を紹介し、社会的企業の「つながり」づくりの戦略、すなわち社会的包摂戦略について若干の考察を試みることにしたい。

1 社会的企業の諸概念

（1）社会的企業論の二つの潮流

そもそも「社会的企業」とは、どのような特徴を有する主体なのだろうか。社会的企業という新しい主体をどのように理解するのかについては実に様々な見解が存在している。

例えば山本隆は、社会的企業を「非営利組織」と「社会貢献型企業」のインターフェイス的な存在として位置づけ、社会性、企業志向、持続可能性、社会的所有を主たる構成要素としている（山本 2012）。また藤井敦史は、社会的企業を「ハイブリッド（コミュニティ／市場／政府）」な構成要素を持つ組織であるとし、コミュニティと市場と政府の短所ではなく、長所を引き出しながら、ポジティブなシナジー（肯定的媒介）を生み出すものであると定義する（藤井 2013）。

山本にしても藤井にしても強調点に違いがあるとはいえ、インターフェイスやハイブリッドといった両義性や中間的性格を有した存在として社会的企業を理解している。その背景には、「コミュニティ形成、サービス提供、アドボカシーといった諸機能が密接に結びついた形でなければ、本当の意味で社会問題を解決し、社会変革を起こすことは困難」（藤井 2013）といった問題意識がある。これは社会的企業が取り組む課題が、基本的に複雑な要因によって構成されていることを物語るものであり、そのような取り組む課題特性から上述した社会的企業の両義性・中間的性格が形づくられているとまずは理解する必要がある。

このような両義性・中間的性格を有する社会的企業であるが、この両義性・中間的性格の捉え方が米国と欧州で異なっていること、そしてそれが日本における社会的企業理解の混乱を生んでいること（米澤 2011）も改めて踏まえておく必要があるだろう。この米国と欧州の社会的企業論の相違についてここでは、藤井の諸論を確認しておくことにしたい。

藤井（2013）によると社会的企業論には二つの潮流があるとしている。一つ目が米国のビジネススクールの経営学者やコンサルタントが依拠する「イノベーションの担い手としての社会的起業家」と欧州のＳＭＥＳネットワーク（社会的企業研究ネットワーク）が依拠する「ＮＰＯと協同組合によって構成されるサードセクターの現代的展開」としての社会的企業論である。

まず「イノベーションの担い手としての社会的起業家」（以下、アメリカ型社会的企業論と記述）は、基本的にはＮＰＯの商業化という文脈で登場し、ＮＰＯにとって商業化して事業収入を得ることで、政府資金や寄付と比較して使途に規制がなく自立性を維持しやすくなるとする。そのような社会的企業は、企業とＮＰＯの連続線上に位置づけられ、社会的目的とビジネス手法を融合させたハイブリッド組織という理解に立脚している。この論拠の最大の特徴は、イノベーションの担い手として「社会的起業家」という個人に強調点があることであり、何らかの特定のイシューが想定されている訳ではない。この所論では、ＣＳＲや営利企業形態の社会的企業を重視する傾向がある。

また「ＮＰＯと協同組合によって構成されるサードセクターの現代的展開」論（以下、ヨーロッパ型社会的企業論と記述）は、欧州の伝統である連帯経済、すなわち相互扶助や民主的参加を含む連帯関係が組み入れられた経済活動を基盤と登場している。この論はＮＰＯと協同組合によって構成されるサードセクターの新たな展開として社会的企業が存在するのであり、明らかに営利「目的」を含むものではないことが、米国の社会的企業論との相違である。米国の社会的企業論では、ＣＳＲ（Corporate Social Responsibility）や営利企業形態の社会的企業が射程となっているのに対して、この所論では社会的排除問題の解決が目的となっているため、社会的排除状況にある者の雇用創出や就労訓練を射程に入れた活動を展開する団体を重視する傾向がある。

このような二つの社会的企業理解の潮流について米澤は、「両者の概念を巡っては、どちらのアプローチを採用するかで優劣のつくような問題ではなく、研究者の問題関心に従って選択されるべき問題」（米澤 2011）であるとしている。この点は恐らく社会的企業と呼ばれる組織自体が何に強調点を置いているのかによって決まる問題であるといえる。すなわち起業家やイノベーションという観点が強い団体もあれば、社会的排除問題の解決という観点が強い団体もあるということであり、そのような多様性から社会的企業は整理と理解がされる必要があるといえるだろう。

（2） 社会的企業の「社会性」と「企業性」

上述のように社会的企業にはNPOと企業の間といった「アメリカ型社会的企業論」とNPOと協同組合の間といった「ヨーロッパ型社会的企業論」の二つの潮流があることを確認してきた。ではこれを社会福祉という領域に射程を合わせて考えるならばどのような理解をすることが適切なのであろうか。ここでは社会的企業という概念を「社会性」と「企業性」に分けてそれぞれの含意を更に整理していくことにしたい。

①社会的企業の「社会性」を巡って

社会的企業の「社会」とは具体的に何を含意していると考える必要があるのだろうか。その社会性の担保には組織活動の目的がどのように設定されているのかを考えることが出発点となるであろう。

アメリカ型社会的企業論では、社会的企業の対象をホームレスや若者のひきこもり等の社会的排除状況にある者だけに限定を行わず、幅広く社会の問題を取り扱うことを念頭に置いた議論を行っている（例えば、谷本 2006; 大室 2011）。一方ヨーロッパ型社会的企業論では、社会的企業の対象を社会的排除状況にある者であるとし、その包摂を図ることについて議論を行っている（例えば、藤井 2013; 山本ら 2014）。

社会福祉という領域において社会的企業の対象を理解する場合、社会福祉の「普遍化の対象」と「普遍化から取り残された対象」の二つの流れがあることに留意する必要がある。「普遍化の対象」とは、高齢者介護などを典型とするもので、現在、多くの人が直面するあるいは直面する可能性がある課題であり、社会的排除状況にある者とまでいえない課題群であると考えることができる。一方「普遍化から取り残された対象」とは、ホームレス問題等を典型とするもので、まさに社会的排除状況にある者に関わる課題である。

社会福祉においては、この二つの側面を常に有しているといえるが、当然、どちらが優位という問題ではなく、どちらも重要な課題である。

そのように考えるならば、社会福祉領域に関わる社会的企業においては、例えばホームレスの就労・居住支援など社会的排除状況にある者の社会的包摂を実現することを目的とする社会的企業と例えば高齢者の居場所づくりや介護支援など社会的排除状況にあると言いがたい者、すなわちマジョリティの福祉課題に対する支援を目的とする社会的企業の二つが存在しているといえる。

②社会的企業の「企業性」を巡って

一方、社会的企業の「企業」にはどのような含意があると考えることができるであろうか。

アメリカ型社会的企業は、社会的起業家のイノベーションを重視する。谷本（2013）によるとイノベーションとは、「経済成果をもたらす革新」のことであり、それには革新と経済的成果の二つの要件があるとする。すなわち「革新」とは、これまでになかった新しい商品やサービスがもたらす変化、「経済的成果」とは、市場に受け入れられた結果としての経済効果のことである。そして社会的企業が担うソーシャル・イノベーションとは、「社会的課題の解決に取り組むビジネスを通して、新しい社会的価値を創造し、経済的・社会的成果をもたらす革新」のことであり、（1）社会的課題の解決を目指したものであること、（2）社会的課題の解決にビジネスのアプローチを用いること、（3）社会的成果と共に経済的成果が求められているということ、（4）新しい社会的価値を創出すること、がポイントであるとしている。

一方、ヨーロッパ型社会的企業では、先述した通りソーシャル・イノベーションよりはむしろ社会的排除状況にある者を社会的に包摂することに目的があるため、平等・参加・非営利等の理念が組織の経営に重視される傾向にある。ヨーロッパ型社会的企業論の代表的研究者であるイタリアのボルサガとドゥフルニは社会的企業の事業特性について、（1）コミュニティへの貢献〔コミュニティ・地域レベルでの社会的責任を積極的に果たす〕、（2）市民による設立〔コミュニティ・市民の共同の活力に依拠する〕、（3）影響を受ける人の参加〔顧客代表・ステークホルダーの参加を促進する〕、（4）利益配分の制限〔部分的あるいは全面的な配分制限を置き、利潤極大化行動を抑制する〕を前提とした上で、（a）財・サービスの生産・供給の継続的活動、（b）行動の自立性、（c）経済的リスクの高さ、（d）最少量の有償労働、が経済的側面として求められるとする（ボルサガ&ドゥフルニ 2004）。

社会福祉の領域において社会的企業の「企業性」を理解する場合、ソーシャル・イノベーションの経済効果を「発揮できる分野」、例えば高齢者の移送サービスや配食サービスなどもあれば、「発揮しにくい分野」、例えばホームレスの生活支援があることには留意する必要がある。ただいずれにしても従来の福祉組織と比べて「市場を活用」して利用者の新たな支援を創出しようとしている点には共通性が認められる。

以上のように社会福祉領域における社会的企業の「社会性」と「企業性」をアメリカ型・ヨーロッパ型社会的企業の理解に立脚しながら確認を行ってきた。社会的企業を理解する場合、まずは（1）解決を目指す課題の特性や事業の対象をどのように設定しているのかによって社会的企業を理解する必要があるということ、（2）直接的に排除状況にない者や現在、社会的排除状況にある者のいかんに問わず、当該課題の解決を目的にしていることや、（3）その解決を「市場」への参入・活用を通してイノベーティブに実現しようとしていること、そして（4）その課題解決に取り組むための継続性の確保が求められていること、を挙げることができよう。
そのような意味で、社会的企業とは、「社会的課題の解決を市場への参入・活用を通してイノベーティブに実現すると共に組織の継続性も確保しつつ社会的包摂を図る組織」として暫定的に定義しておくことにしたい。

（3）社会的企業の布置と諸論点

①社会的企業の布置

社会的企業は、支援対象に課題状況や性格規定されつつも市場をイノベーティブに活用し、支援対象の社会的包摂を図る組織であるが、社会的企業というカテゴリーにおいても支援対象の課題特性や市場原理の活用の内実は異なっている。また今日、介護保険事業を担う福祉系企業や一般企業が行うＣＳＲを社会的企業というカテゴリーに含めるのか否かといった議論も当然、整理をしておく必要があろう。

図１「社会福祉領域における社会的企業の布置」は、社会的企業のやそれに類する概念の整理を試みたものである。

社会的企業を理解する場合、上述のように非社会的被排除者－社会的被排除者という社会的企業の対象とする課題軸と利益重視－社会的課題解決重視という組織目的軸の二つの軸で理解することが可能である。

「非社会的被排除者－利益重視」の第二象限は、高齢者等の非社会的被排除者を対象としているため一定の利益を見込むことができ、組織としても利潤極大化を目的としている組織が該当する。具体的には高齢者のデイサービス等の株式会社が主体となる介護保険事業所を挙げることができる。よってこの象限の組織は、一般的な社会福祉を対象とした企業となる。

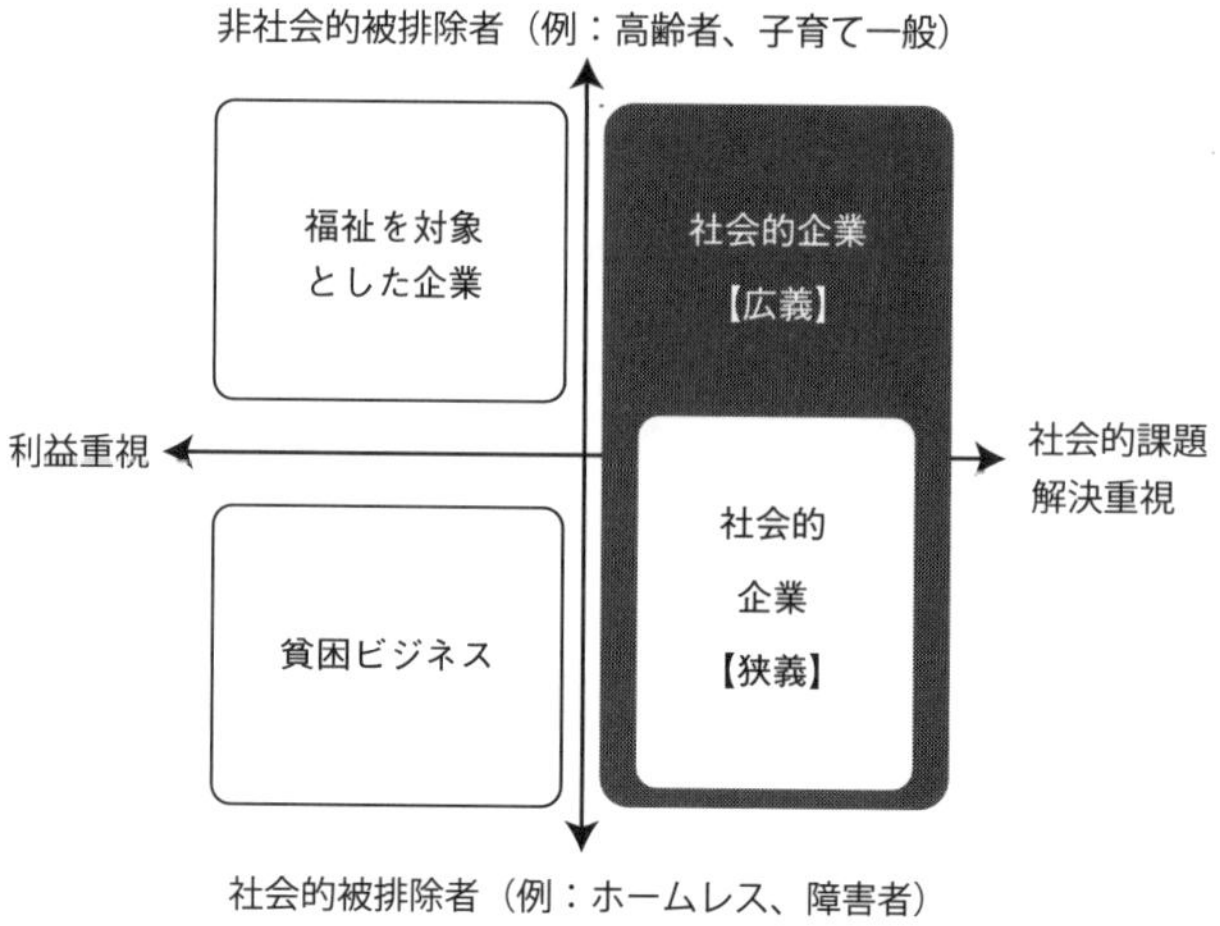

図１　社会福祉領域における社会的企業の布置（筆者作成）

また「社会的被排除者－利益重視」の第三象限は、ホームレス等の社会的被排除者を対象とし、かつ組織としては利益を重視するという論理矛盾を起こしているため、組織としては存在しえないということになる。但し例えばホームレスに居宅を提供することによって生活保護の対象として生活保護費を利用者に受給させつつ、その給付費の殆どを接収し、受給者本人には給付金が殆ど手元に残らないといった搾取を行う違法な団体が報告されている。このような団体を「貧困ビジネス」と称しているが、この象限にはこのような団体が該当する。

そして「非社会的被排除者－社会的課題解決重視」の第一象限と「社会的被排除者－社会的課題解決重視」の第四象限に該当する組織が、本稿の対象とする「社会的企業」と位置付けることができる。第一象限は、高齢者の食や移動の支援を行う団体等が該当し、第四象限は、就労に困難を抱える障害者やホームレスの働く場の提供を行う団体等が該当する。特に社会的被排除者を対象とした団体を「狭義の」社会的企業、非社会的被排除者を対象とした団体も包含したものを「広義の」社会的企業と位置づけておきたい。

②社会的企業を巡る論点

社会的企業は、非社会的被排除者という高齢者の移送や食といった対象や社会的被排除者というホームレスや障害者の就労といった対象の課題に対して解決を重視した取り組みと整理することが可能であるが、先にも確認した通り、「市場」への参入や活用を通してその実現を図ることを目的としている。そのように考えるならば、どのように「市場」への参入・活用を行って課題を解決するのかという点と課題解決が社会的包摂、すなわち制度や地域との関係を再度、どのように取り結ぼうとしているのかを理解することが重要となる。以下、「市場の参入と活用」と「利用者の社会的包摂手法」についていま一度、その内容について考えていくことにしたい。

i　市場の活用と参入

社会的企業が、従来のＮＰＯと異なる最も大きな要件の一つが「市場原理の活用」である。それでは何故、従来のＮＰＯから社会的企業なる新たな主体が叢生してきたのであろうか。

この背景の第一点目が、「行政の下請け化」の問題がある。「行政の下請け化」とは、「行政の仕事を続けていくうちに、次第に活動の大半を行政からの仕事で占めるようになり、その結果、ＮＰＯとしての自発性や自由な発想や創造性を失っていくこと」（田中 2008）であるとされる。この背景には、ＮＰＯの慢性的な財政難という課題があり、市場を活用することによってなんらかの形で財源の確保を行うため、社会的企業が台頭してきたと言えるのである。

第二点目として、「社会的排除状況にある者の社会的包摂を市場の活用・参入によって実現する」という自明の理由がある。社会的排除状態にある者は、社会的・経済的・政治的・文化的なつながりから絶たれるという状況にあるが、そのつながりを再生するために市場を活用して繋ぎ直すということを意図している。例えばホームレスの多くは就労できない／就労が難しい状況にある者が多く、そのような意味で経済的な排除を受けている。当然、右記のような状況にある者の働く場は、限られた場となるが、例えば市場で求められるサービス・財を生み出すことができれば、新たな働くことのできる場を生み出すことができ、更に社会的排除状況にある者の雇用を新たに生み出すことができるのである。そのような意味でどのように市場の活用と参入を行っているのかは、「つながり」の再構築を行う上で重要な論点となる。

ii　利用者の社会的包摂手法

社会的企業が利用者の包摂を図るといった場合、具体的にはどのような包摂の形態があるのであろうか。次にその形態について確認していくことにしたい。

一つの包摂の形態は、「社会的排除状況にある者自らが労働を行うという意味での包摂化」である。このような包摂戦略を有する社会的企業は、社会的に排除されている者が労働に従事することによって、労働を通して社会的接点を得たり、労働の対価として収入を確保することによって、「つながり」が再生されることを包摂の手法としている。なおこのような包摂形態をとる社会的企業を「労働統合型社会的企業」（米澤2011）と呼ぶ。

いま一つの包摂の形態は、「社会的企業が生み出す商品・サービスを介しての包摂化」である。例えばホームレスや生活困窮者の住宅確保に際しての手続き的支援など、社会的包摂を図るサービスや商品を開発することによって、その商品やサービスを利用する者の社会的包摂を図ることを手法とするものである。

以上のように社会的企業の「市場の参入と活用」と「利用者の社会的包摂手法」といった特性でも様々な内実があることを確認してきた。次に具体的に社会的企業の社会包摂戦略をこの二点に着目して実践事例をみていく。なお本稿では、ⅱ利用者の社会的包摂手法に関わって、主に労働による包摂戦略を採用している社会的企業に着目して論を進めていくことにしたい。

2 労働による社会的包摂を行う社会的企業の実践事例

(1) 事例のプロフィール

ここではホームレスや障害者の就労支援を主たる事業とする社会的企業の五団体を対象として事例の紹介を行う。これらの団体は、社会的企業の定義として掲げた「社会的課題の解決を市場への参入・活用を通してイノベーティブに実現すると共に組織の継続性も確保しつつ社会的包摂を図る組織」の要件を満たしている。

団体の性格として、ホームドア・わっぱの会がＮＰＯ法人、ビッグイシュー日本が有限会社、グリーンコープ・よさのうみ福祉会が社会福祉法人として事業展開がなされている。但しビッグイシュー日本は、就労支援の他にもホームレスの生活支援を行っており、それを主たる事業とする団体の法人格はＮＰＯ法人、わっぱの会も障害者総合支援法関連事業は社会福祉法人で行っている。グリーンコープも社会福祉法人であ

表1　事例の概要

		ホームドア	ビッグイシュー日本	わっぱの会	グリーンコープ	よさのうみ福祉会
団体の状況	団体の性格	NPO 法人	有限会社	NPO 法人	社会福祉法人（母体は生活協同組合）	社会福祉法人
	支援対象	ホームレス・生活困窮状態にある人	ホームレス状態にある人	障害者	ホームレス状態にある人	障害者
	所在する地域社会	大都市圏（大阪）	大都市圏（大阪）	大都市圏（名古屋）	大都市圏（福岡）	農村地帯（京都）
	事業	コミュニティシェアサイクル	雑誌の製作と販売	無添加のパンを製造・販売	回収した古着を仕分け、海外送付やリユース等への活用	宿泊型保養施設の運営

るが、母体そのものは生活協同組合となっており、日本における社会的企業は、（1）特定の法人格を指すものではなく、多様な法人格を取得して実施されていること、（2）団体が複数の法人格を有して多角的に事業展開がなされていることの一端が窺える。

また団体の対象は、ホームレスや生活困窮状態にある人を支援対象とする団体が、ホームドア・ビックイシュー日本・グリーンコープ、障害者を支援対象にする団体が、わっぱの会・よさのうみ福祉会となっている。ただグリーンコープについては今回、事例で注目したのがホームレス支援であるが、法人全体では、保育事業や高齢者介護事業や障害者支援事業も併せて行っている。

そして団体の主な事業概要として、全てが就労支援となるが、ホームドアはコミュニティシェアサイクル、ビックイシュー日本が路上での雑誌販売、わっぱの会が無添加のパンの製造・販売、グリーンコープが回収し古着を仕分け海外送付やリユース等への活用、よさのうみ福祉会が宿泊型保養施設の運営となっている。

（2）社会的企業の実践事例

①ホームドア――シェアサイクルによる就労支援[1]

ⅰ　団体の概要と事業

設立は、二〇一〇年、組織形態は特定非営利活動法人（ＮＰＯ）である。団体のミッションとして「ホームレス状態を生み出さない日本の社会構造をつくる」を掲げ、現在六つの事業を展開している。

一つ目が「届ける」活動で、夜回り支援である「ホムパト」や店舗等へのポスター設置等を行っている。二つ目が「選択肢を広げる」活動で、初回相談（アセスメント）や宿泊場所（シェルター）の提供、関係機関との連携を行っている。三つ目が「暮らしを支える」活動で、生活応援施設「アンドセンター」において無料の食事や洗濯、団らん等ができる施設を設置すると共に定期的に食事提供・健康診断等も実施している。四つ目が「就労機会の提供」でハブチャリ（HUBchari）や内職の受託等を行っている。五つ目が「再出発に寄り添う」活動で、窓口への同行訪問や保証人等を引き受ける居宅生活移行サポート、そして六つ目が「伝える」活動として講演やワークショップなどの各種啓発活動を実施している。

ⅱ　特徴的な事業

上述の中で特に同団体の象徴する事業が、「就労機会の提供」を行うハブチャリである。ハブチャリは、寄付を受けた自転車を清掃・修理し、企業協賛で提供された軒先で自転車の貸出返却を行うといったシェアサイクル事業である。この自転車の清掃・修理と軒先での自転車の貸出返却の業務を担うのが、ホームレス状態にある／あった人である。この事業にはいくつかの特徴があり、まず（1）ホームレスの強み（ストレングス）を生かした事業であるという点である。ホームレス状態にある／あった人は、廃品回収の仕事の経験を持っている人も少なくないため、その運搬・移動の手段としての自転車の修理のスキルを有している者もいる。ハブチャリはそのようなスキルを発揮できる内容になっている。また（2）都市問題の一つとなっている違法駐輪の問題解決も併せて行う事業であるということである。現在、都市での移動において自転車は簡便なツールであるが、一方で違法駐輪が都市問題ともなっている。特に大阪は人口一〇〇人当たりの自転車保有数が全国第二位【二〇〇八年の自転車産業振興協会のデータによる】であり、特に違法駐輪も問題化しており、本事業はシェアサイクルの普及によって違法駐輪の解決も目的としているのである。また併せて（3）企業の社会貢献活動を引き出す仕掛けを内包している点である。シェアサイクルの実施に向けてシェアサイクルの設置場所の確保は基本条件となるが、このようなシェアサイクルの設置場所である軒先の提供を求めることで、地域の様々な企業とのネットワークを形成することができる点も併せて特徴として挙げられよう。このような支援を「ノキサキ貢献」と呼んでいるが、様々な有名企業がこの貢献に参加している。

②ビッグイシュー日本――ホームレスからしか買えない雑誌の制作と販売[2]

i　団体の概要と事業

設立は二〇〇三年、組織形態は有限会社である。団体のミッションとして「ホームレスの仕事をつくり自立を応援する」を掲げ、雑誌の編集と販売を行っている。

また四年後の二〇〇七年には認定NPO法人ビッグイシュー基金という団体も設立している。同団体は、就業を含めた生活の総合的なサポートを行っており、例えばホームレス状態にある人／あった人への情報提供や交流機会の提供、健康相談、住宅相談、被災地支援、ビッグイシュー卒業者との関わり、スポーツ・文化プログラムなどを行っている。

つまり有限会社「ビッグイシュー日本」が就労、NPO法人「ビッグイシュー基金」が生活という支援の分担関係にあるが、就労を担当する「ビッグイシュー日本」が有限会社という法人主体を選択した理由として、事業として成功しなければならない「事業性」と月二回雑誌を作成するための「機動性」、そして意思決定を容易とするためのシステムとしての「有限責任性」を狙いとしたとしている。

ii　特徴的な事業

特徴的な事業は、有限会社「ビッグイシュー日本」の主力事業である雑誌の制作・販売である。その仕組みとして、一冊四五〇円の雑誌『ビッグイシュー日本版』を制作し、その販売をホームレス状態にある人／あった人に独占してもらうことで、彼らに仕事を提供している。最初の一〇冊は無料で提供、その売り上げ金四五〇〇円を元手に、一冊二二〇円で仕入れて販売し、二三〇円を販売者の収入にするという仕組みとなっている。

この事業では、まず（1）「ビッグイシュー日本」という雑誌自体をホームレス状態にある人／あった人からしか購入できないという点である。これはホームレス状態にある人／あった人からしか入手できないという雑誌の希少性を高めることで、販売促進の訴求性を高めているのである。なお二〇一五年から販売員のいない市町村でも購読できるように定期購読制度を始めている。また（2）会社と販売者との関係も特徴的である。ビッグイシュー日本という会社とホームレス状態にある人／あった人との関係は、支援－被支援の関係ではなく、また雑誌販売を巡って雇用‐被雇用という関係でもない。ホームレス状態にある人／あった人は、会社の制作した雑誌を販売する代理店という位置づけになっており、ホームレス状態にある人／あった人は雑誌販売において代理店店主という位置づけになっていることも本事業のユニークな特徴となっている。そして（3）「路上に立って販売する」というホームレス状態にある人／あった人の生活スタイルをそのまま生かした事業展開となっていることも興味深い。

③わっぱの会――無添加のパンの製造・販売[3]

i　団体の概要と事業

設立は一九七一年、組織形態としては社会福祉法人と特定非営利活動法人（NPO）を取得している。団体のミッションとして「差別をなくし、障害者をはじめ社会的に排除された人々と誰もが共に働き・共に生きる社会をつくるための事業を行い、真の共生社会の実現に寄与することを目的とする」を掲げ、様々な事業を展開している。事業は名古屋市内と知多郡を拠点にし、名古屋市内では、「わっぱん」という国内小麦使用の無添加のパンの製造・販売、ペットボトルのリサイクル事業等、また知多郡では農業と農産加工物の製造を行っている。また障害者総合支援法における事業として、就労継続支援A型・B型、共同生活援助、基幹相談支援センター等、多様な事業を行う団体である。

団体そのもの契機は、障害のある人／ない人の一軒家での共同生活を出発点としているが、現在展開する事業は、①就労の場づくり（協働事業所）、②就労援助活動、③生活援助活動に大別することができる。

まず就労の場づくりとして、様々な試行の結果、一九八四年にパン作りを開始し、その後、事業の安定化と拡大を目的として一九八七年に社会福祉法人を設立、一九九一年にパンの販売店舗としての「エコロジーよろず家わっぱん」、一九九九年には名古屋市環境局からの委託事業としてペットボトル、牛乳パック中間処理工場、二〇〇〇年に知多に農場と農産加工物・小麦製粉を行う事業所「わっぱ知多協働作業所」の設立、更に二〇一八年には「ソーネおおぞね」という（1）資源買い取りセンター、（2）ショップ、（3）カフェ、（4）イベントホール、（5）地域サービス相談という五つの機能を有する多機能拠点を展開している。

次に就労援助活動として、障害者の一般就労の支援を目的として一九九三年の「障害者就労支援センター」開設を皮切りに、二〇〇一年に全国で初めての精神障害者の民間職業訓練校として「なごや職業開拓校」、二〇〇五年に国からの委託を受けて「なごや障害者就業・生活支援センター」、二〇一三年には名古屋市以外にも「尾張中部障害者就業・生活支援センター」を開設し、障害者就労の選択肢の拡大と支援を進めている。

そして生活援助活動としては、障害者の生活介助・生活相談を行うことを目的として一九九五年に「生活援助ネットワーク」を開設し、障害者への介助者派遣の実施、二〇〇二年に名古屋市、二〇〇六年には南知多三町・常滑市の委託を受けてそれぞれ「北区障害者地域活動支援センター」「知多南部障害者地域生活支援センター」を運営している。

ii　特徴的な事業

わっぱの会を特徴づける取り組みとして、「分配金制度」がある。分配金制度とは、障害のある人／ない人関係なく皆で稼いだ利益を皆で対等に配分するシステムで、時間に応じ全員で一定の基本額を保障する「基本配分金」、継続就労の加算としての「継続加算金」、その人の生活実態に応じた加算としての「生活加算金」等で構成された賃金が、障害の有無に関係なく利益の配分が行われる。このような職員＝給与／障害者＝工賃といった従来の労働対価に関する考え方の基底を抜本的に変革するラジカルな考え方であるが、このシステムを支える大きな原動力となったものが、商品としての「わっぱん」である。

「わっぱん」は、無添加で国産小麦を使用したパンであり、今日、障害者就労の場でパンの製造販売は代表的な事業の一つとなっているが、同団体はその先駆的存在の一つである。「わっぱん」は、パンという商品に「障害者が製造したパン」という付加価値ではなく、「無添加・国産小麦を使用し製造したパン」という付加価値を加えたことが特徴であり、健康・安全志向の消費者や小中学校等を中心に販売‐購入される商品となっている。つまり「市場」に流通にすることのできるクオリティの高い商品を開発することで、障害者の雇用を拡大すると共に、その収益によって高い賃金を保障し、地域生活を実現するという方法で障害者の社会的包摂を実現しているのである。

④グリーンコープ・ファイバーリサイクルセンター――回収した古着の仕分け・海外送付・リユース[4]

i　団体の概要と事業

設立は二〇〇三年、組織形態としては社会福祉法人であるが、その母体は、九州七県、広島県、山口県のグリーンコープ生活協同組合とその組合員によって構成されるワーカーズコレクティブとなっている。団体のミッションとして「すべての組合員にとって利益が享受できること」「ハンディの重い人がもっとも大切にされること」「地域に開かれたものになっていくこと」を掲げ、訪問介護事業所、障害福祉事業、生活応援事業、居宅介護支援事業所の他、子育てサポート事業、配食事業等を実施している。また二〇一〇年からは生活困窮者のための無料・低額宿泊所（抱樸館福岡）、福岡市の委託事業としてシェルター事業、同年、抱樸館福岡入居者の生活自立支援を目的としてファイバーリサイクルセンターを開設している。

ファイバーリサイクルセンターでは、古着のリサイクルを通した就労訓練や社会福祉法人グリーンコープの母体である生活協同組合で取り扱う青果のリパック事業での就労訓練を通して、一般就労に向けて支援を実施している。大別すると「ファイバーリサイクルセンター」というリサイクルやリユースを担う事業と母体となるグリーンコープ事業業務の一部を担う「就労支援事業」となっている。具体的には下記の事業内容である。

「ファイバーリサイクルセンター」では、衣類等の仕分け・卸業そしてそれをパキスタンに送付し現地の古着商に買い取られることでの同国の児童の教育費支援、会報発送業務、そして同法人が経営するリサイクルショップへの商品・衣類の配達業務を行っている。

「就労支援事業」では、生活協同組合グリーンコープが行っている業務の一部委託である、青果の袋詰めサポート業務、きびさとうの袋詰めサポート業務、保冷箱の洗浄業務を行っている。

生活協同組合グリーンコープと連携して上述の様々な業務を創出し、生活困窮者の就労訓練事業（中間的就労）として実施している点が特徴となっている。

ii　特徴的な事業

ファイバーリサイクルセンターは、「ホームレスや生活保護受給者・生活困窮者が就労することが困難な状況に対して、就労するために必要な意欲を醸成し、能力を培うこと」を目的とした事業で、古着の仕分けや梱包作業の訓練後、施設外就労に向けての青果やサトウキビのリパックなどを通した生活訓練と就労訓練、技能訓練を図ることを目的としている。その最大の特徴としてファイバーリサイクルセンターの母体となる生活協同組合グリーンコープとの連携によって新たな雇用を生み出している点にある。換言するとファイバーコープリサイクルセンターが実施している事業は、生活困窮者の就労支援のために新たに生み出した「仕事」ではなく、生協が実際に行っていた様々な「仕事」の中で、生活困窮者が担えるものを見つけ、更には業務内容を分解する等その仕事を生活困窮者が担うことができるように見直しつつ、就労訓練の場として活用している点にある。

またファイバーリサイクルセンターが、その役割を十全に果たせている理由として、利用者の生活の場である抱樸館福岡を同一法人で運営を行い、生活‐就労という一体的な支援を展開できる強みとなっていることも特徴となっている。

⑤よさのうみ福祉会——宿泊型保養施設の経営5

i　団体の概要と事業

設立は一九八〇年、組織形態は社会福祉法人である。団体のミッションとして「①人間として生活していくために必要な権利の保障をめざします。②誰もが安心して暮らしやすい地域をめざします。③一人ひとりの意見が大切にされ、社会から信頼される民主的な経営をめざします。基本的人権が尊重される平和で豊かな社会をめざします」を掲げ、京丹後市・宮津市・与謝野町・伊根町の二市二町で構成される丹後障害保健福祉圏域内に二二ヶ所の事業所を設置経営し、五〇以上の障害者福祉事業を展開している。

よさのうみ福祉会の事業内容は、大別すると「働く場・日中活動の場」「暮らしの場」「在宅生活の支援」

「相談支援」に大別することができる。

働く場・日中活動の場は、障害者総合支援法で就労移行支援・就労継続支援A型・B型・生活介護事業や生活訓練事業に該当するものである。具体的にはリサイクルや資源回収、パン・ケーキ・漬物・農水産物などの食品加工、弁当の製造・販売、ヨモギ入浴商品等の商品製造、野菜類の作物生産等の農作業であるが、併せて宿泊型保養施設「リフレかやの里」の経営を受託している。「リフレかやの里」では、レストラン・大浴場・ホテルの営業、農産加工所、パン・ケーキ工房を有する施設であり、このような宿泊型保養施設を障害者の就労の場としている点は特筆すべき事業となっている。

暮らしの場は、障害者総合支援法で施設入所支援・共同生活援助事業に該当するものであり、入所支援施設一ヵ所及び圏域内一一ヵ所のグループホームを中心に障害者の生活の場の支援と整備を行っている。

在宅生活の支援は、障害者総合支援法で短期入所事業や日中一時支援・居宅介護支援に該当するもので、ショートステイ事業やホームヘルプ事業などを展開している。

そして相談支援として、障害者就業・生活相談支援センター及び障害者生活支援センターを設置し、二市二町の障害者の職業から生活までの一体的総合的支援を展開している。

ii　特徴的な事業

よさのうみ福祉会の実践を考える上で、与謝の海養護学校（今は、与謝の海支援学校）との関係を等閑視して考えることはできない。与謝の海養護学校は一九七〇年に本格開設した障害のある子が通う学校であるが、その学校の設立を巡って、障害の重い子の教育保障として「養護学校づくり」の請願が地域の幅広い人々を巻き込んでの運動に発展し、その設立を実現している。

当時、学校教育法において障害児の教育を受ける権利も明記されたが、重度心身障害児については就学猶予・免除によって教育を受ける権利は保障されていなかったという背景がある。一九七九年には養護学校義務化によって障害児全員の就学が実現するが、それよりも一〇年近く前にそれを実現したという先駆的運動がこの地域にあり、そのような思想的・実践的底流がよさのうみ福祉会の基底を形成しているのである。

よさのうみ福祉会は、障害児全員の就学を実現した後、進路保障としての卒後の生活・就労を実現する為に設立された団体であるが、この実践の到達点の一つが宿泊型保養施設「リフレかやの里」経営受託であると考えることもできる。リフレかやの里は、一九九八年、旧加悦町が、レストラン、浴場、ホテル、ハーブ園を備えた宿泊型保養施設を建設し、当初は第三セクター、その後民間企業が指定管理を受けて経営していたが、二〇〇八年に倒産、その後、三年間閉鎖という状況となっていた。そのような状況に対して、住民の再開への強い要望に与謝野町が再開を決意し、応募団体の中から同団体を指定管理者に選定したという経緯がある。

運営には就労継続支援A型・B型事業所の指定を受け、レストラン・大浴場・ホテルの営業、農産加工事業、野菜類の栽培等を行っている。このような地域–行政–福祉法人が連携して、障害者就労系事業所として、宿泊型リゾートホテルの再生を図るということはこれまで類はなく、同法人の特筆すべき事業であるといえる。

この「リフレかやの里」の実践も含めて、よさのうみ福祉会は、特に過疎地域での再生という点からも重要な実践と役割を担っていると言えるであろう。つまり多くの就労系事業所で行われている内容は丹後地域の地場産業と密接な関わりがある。例えば各種野菜類や京豆っこ米、食品加工で用いられる農産物は、ほとんどがこの地域で作られているものであり、特に農業やそれに関係する産業の停滞・衰退という状況の中で、障害者がその産業の新たな担い手になるという新しい地域活性・振興のモデルを提示している。そしてその一つの象徴が宿泊型保養施設「リフレかやの里」経営受託といえるのである。ただこのような地域－行政と信頼を基盤とした連携を保ちつつ実践を行うことができる背景には、「与謝の海養護学校づくり運動」によって地域にその関係資産の蓄積があることは言及するまでもない。

3　事業構造の整理と社会的包摂戦略

（1）実践事例からみる社会的企業の事業構造

ここまで五つの労働による社会的包摂を行う社会的企業の実践事例を確認してきた。ではこれらの社会的企業はどのような事業構造をとりながら社会的包摂を進めているのであろうか。まずは事業構造について、事業特性とサービス・商品、ステークホルダーと財源の各点から整理を試みたい。

①事業特性とサービス・商品

事業に関しては、五つの団体ともミッションに基づいて様々な事業を展開しているが、いくつかの傾向を見て取ることができる。

ホームドアはシェアサイクル、ビッグイシュー日本は路上での雑誌販売、わっぱの会は無添加のパンの製造販売といった事業を展開している。この三団体はいずれも「新しいサービス・商品を開発」することで、そのサービス・商品の創出・生産に社会的に排除されている者が労働者として関わることを特徴としている。

一方、グリーンコープのファイバーリサイクル事業は、従来、生活協同組合で行っていた古着のリサイクル事業を生活困窮者が従事し、その経験を踏まえて更に生協の他の事業（青果パック）の労働に段階的に結び付けるという方法で社会的に排除されている者の新たな労働を生み出している。よさのうみ福祉会のリフレかやの里は、廃業した町立の元宿泊型保養施設の運営受託を請け負うことで障害者の就労の場とその事業を通して地域の農家との事業連携も行い、過疎地域の活性化も担うという方法で、社会的に排除されている者の労働を生み出している。つまりこの二団体は、いずれも既存の仕組みを有効に活用しながら「新しい就労プロセス方法の提案・開発」を行うという点で共通性がある。

②ステークホルダーと財源

五つの団体すべてが、行政、事業やサービス・商品を購入・利用する個人・団体、企業など様々な主体によって支えられている。しかしながら展開する事業内容や特徴によって若干、ステークホルダーの関わり方に違いがみられる。

ホームドア・ビッグイシュー日本・わっぱの会は、サービス・商品の販売／利用が事業展開上、重要となるため、特に利用／購入する顧客の存在が重要となる。一方、グリーンコープやよさのうみ福祉会は、既存の事業・業務を社会的に排除されている者の仕事へ見直して事業展開を行っているため、グリーンコープのファイバーリサイクル事業であれば母体となる生協、よさのうみ福祉会のリフレかやの里であれば行政や農家が他のステークホルダーに比べその存在感が大きくなっていることが特徴である。

またそれぞれの団体のキーとなるステークホルダーの存在は、財源戦略においても重要な位置を占めている。ホームドアは、事業収益そのもので事業に従事するホームレスへの給料を支払うことは可能であるが、団体のスタッフへの給料の支払いは困難であるため、他の事業で支出している。ビッグイシュー日本でも雑誌の販売収入で雑誌制作やスタッフの給与を支払うこともできたが、現在では寄付収入等で補填している状況である。またわっぱの会でも一時期、パンの販売収入で障害者やスタッフの給与を支払うことが可能であったが、現在では他の事業で補填している状況である。そしてグリーンコープやよさのうみ福祉会も事業の母体である生活協同組合や社会福祉法人の事業収益によって、継続を支えている状況となっている。

（2）社会的企業の社会的包摂戦略の諸形態

ではこのような事業構造をもつ五つの団体がどのように社会的包摂を実現しているのであろうか。ここでは社会的企業において社会的包摂の鍵となる①市場の活用とそれを基にした②利用者の社会的包摂、そしてそれを財源的に支える③事業運営費の確保について、それぞれいくつかの戦略があることが団体の実践事例を読み解くことで、いくつかの形態に大別することができる。その一覧を示したものが、表２「社会的企業の社会的包摂戦略の諸形態」である。この内容について具体的に確認を行っていくことにしたい。

①市場の活用について

市場の活用については、五つの団体は、地域・社会の問題状況を踏まえ、起業者のイノベーションや社会的に排除されている者のストレングスを踏まえ、様々な事業が展開しており、団体のそれぞれに独創的な発

表２　社会的企業の社会包摂戦略の諸形態

	ホームドア	ビッグイシュー日本	わっぱの会	グリーンコープ（ファイバーリサイクル）	よさのうみ福祉会（リフレかやの里）
団体の状況市場の原理の活用戦略	ニッチ産業系：市場に求められる新しいサービス・商品の開発			既存産業（システム）の革新・再構成系：新しい就労プロセス・方法の提案と開発	
利用者の社会的包摂戦略	利用者ができること／強みをベースとして新しいサービス・商品を企画し、その運営・制作に関わらせる			利用者ができること／強みを生かせる既存の産業を発見し、その産業を利用者の就労の場に置き換える	
事業運営費の確保戦略	マルチな財源構造 サービス・商品の事業収入（市場）・寄付金・会員会費（互酬）・行政からの補助（再分配）				

出典：筆者作成

想や方法に基づいて事業展開がなされている。そして「市場の原理の活用」といった場合、二つの方向があることが明らかとなった。

i　ニッチ産業系――市場に求められるサービス・商品の開発

コミュニティサイクル・雑誌・無添加のパン、それぞれ新たなサービス・商品を開発することで市場の新たな顧客を開拓し、そのサービス・商品の管理／生産に関わって社会的に排除されている者の雇用創出を試みている。これは従来のサービス・商品との差別化を意図するものであり、既存の産業構造の中で、「隙間を見つけてビジネス化」していることに特徴がある。

このような方法は、サービス・商品がヒットすれば、そこからの収益を確保することも可能であるため、社会的に排除されている者のために全く新しい雇用を創出できるという意味では長所であるといえるのであろう。一方、サービス・商品の差別化が図れなくなる、あるいはサービス・商品が有用な価値を持たなくなった場合、事業経営上、窮地に追い込まれるリスクも有している。

そのような意味でこの形態の市場の活用は、一般企業のビジネスモデルに近い。

ii　既存産業（システム）の革新・再構成系――新しい就労プロセス・方法の提案・開発

生協で担われていたリサイクル・古紙の回収・青果リパックをホームレス状態にある／あった者が担う、廃業した町立の元宿泊型保養施設の運営を受託し障害者の雇用の場として創出するという事業は、既存のルールや方法で行われていた事業を見直すことによって、社会的に排除されている者の就労に新たに結びつけるというものである。

これは既存の産業のあり方を社会的に排除されている者のためにリフォームやアレンジメントし直すものであり、そのような点で市場の原理の活用を行っているといえる。

この手法は、既存の仕組みの見直し・活用することに主眼が置かれているため、見直し・活用が成功すれば継続的に雇用確保を行えることが長所である。一方、既存の仕組みそのもののルールが大幅に変更されてしまった場合や既存の仕組みそのものが機能不全を起こした場合は、社会的に排除されている者の雇用環境に大きな影響を及ぼすリスクも有している。

つまり「市場原理の活用」については、市場に求められる新たなサービス・商品を開発するといった「ニッチ産業系」市場原理活用戦略と新しい就労プロセス・方法の提案と開発を行うといった「既存産業（システム）の革新・再構成系」市場原理活用戦略が、社会的包摂の行う場合の市場の活用の二つの方法であるといえる。

②利用者の社会的包摂について

それでは次に利用者の包摂戦略について見ていくことにしたい。

社会的企業は、事業を行うことで利用者の社会的包摂を行うことが特徴であるが、この点について、五つ全ての団体に認められる。

それぞれ事業内容や傾向に違いがあるとはいえ、それぞれ就労に従事し、最低賃金の確保がなされており、また事業実施上、利用者の包摂に対する考え方として共通していることは、その人ができること／その人の能力を活用するといった利用者のストレングスに主眼をおいた事業展開がなされている点である。

一方でそのストレングスを引き出す方法には二つのベクトルが存在していた。

一つが、①利用者ができること／強みをベースとして新しい商品を企画し、その運営・制作に関わらせるという方法、いま一つが、②利用者ができること／強みを生かせる既存の産業を発見し、その産業を利用者の就労の場に置き換えるという方法である。

①と②の違いは、市場原理活用の戦略と大きく関係しているが、共通しているのは、「事業に利用者を合わせる」のではなく、「利用者に事業内容を合わせる」というスタイルで、新しいサービス・商品の企画がなされたり、既存産業の見直しが行われていることは指摘しておく必要があろう。

以上のように社会的企業の包摂戦略は、あくまでも利用者の能力の最大限の発揮という点に力点が置かれていて、それが「利用者に事業内容を合わせる」という方法で実現されているのである。

③事業運営費の確保について

それでは最後に事業運営費の確保について見ていくことにしたい。

社会的企業に限らず、あらゆる組織は事業継続を行うために資金の確保が重要となる。ＮＰＯの「行政の下請け化」は、NPOの自律性や目的を消失してしまうという意味では重要な問題であるが、五つの団体では、様々な事業運営費の確保戦略を講じている。しかしながらどこか特定の財源に依存することなく、「マルチな財源構造」を有していることが共通して確認される。

ニッチ産業系／既存の産業（システム）の革新・再構築系、それぞれの社会的企業に共通して、「サービス・商品の事業収入（市場）」「寄付金（互酬）」「行政からの補助（再分配）」といったマルチステークホルダーから様々な財源の確保を行う手法を採用している。

特にニッチ産業系では、開発したサービス・商品の販売や利用ということが主たる収入源となるが、その収入だけでは事業を維持することが困難な場合も少なくないため、様々な主体から収入確保を行い、事業を維持する手法を採用していることから、このような財源構造になっていることが予想される。

但し既存の産業（システム）の革新・再構築系では、新しい就労プロセス・方法の提案と開発するモデルを採用している点にあるため、この新しい就労プロセス・方法の提案と開発は、社会的企業単独で行えるものではなく、既存の就労システムと関わる他の組織との連携関係があって初めて実現し得るものである。

例えばグリーンコープのファイバーリサイクルセンターでは、生協のリサイクル事業にホームレスを関わらせる、よさのうみ福祉会のリフレかやの里では、町立宿泊型保養施設の運営に障害者を関わらせるといったように、ファイバーリサイクルセンター－生協、リフレかやの里－行政と農家という明確なパートナーが存在することが、ニッチ産業系と異なる点である。

但し、例えば障害者の就労支援を行っている団体の多くは就労継続支援A型・B型の指定を受け、福祉サービス給付金を運営費の一部に充てている。これは「サービス・商品・就労システムを市場に開きながらも、運営費の一部は給付金で充当する」というモデルが一般化しており今後、財源戦略については更なる検討が必要となろう。

4　おわりに

今回、本稿では社会福祉領域における社会的企業の概念及び事業構造とその特質について、特に狭義の社会的企業の概念に沿って、ホームレス・障害者の就労支援を行う団体に注目し、その事業の特質の分析を試みてきた。結果、社会的企業には、「ニッチ産業系」、「既存産業（システム）の革新・再構成系」の二つの市場原理活用のパターンが存在すること、その包摂戦略の方法や特徴、それを支える財源構造に違いがあることを明らかにしてきた。

ただ今回の知見は、五つの事例調査から導き出したものであり、その汎用性にはまだ検討の余地がある。また就労支援という「利用者自らが労働を行うという意味での包摂化」に着目したため、「社会的企業が生み出す商品・サービスを介しての包摂化」の検討を行えておらず、更に「非社会的被排除者 - 利益重視」といった広義の社会的企業の検討には及んでいない。

また本稿では、社会的企業単体の問題解決手法やイノベーションに着目した関係で、地域社会とのつながりについては未解明のままとなっている。これは地域を一つのシステムとして捉え、その中での社会的企業の役割の解明を行わなければ、明らかにすることはできないと考える。更には利用者視点から社会的企業の意味やその包摂戦略の有効性の検討も必要であると言えよう。

上記の積み残された重要な課題については、今後も継続的に研究を進め、社会的企業の有効性やその役割について解明しつつ、排除されない地域・社会の創出の方途を考えていく必要があるであろう。

［謝辞］
本稿を執筆するにあたってインタヴューに協力頂いたホームドアの川口加奈氏、ビッグイシュー日本の佐野章二氏、わっぱの会の斎藤懸三氏、グリーンコープファイバーリサイクルセンターの斉藤隆氏・清水清子氏、よさのうみ福祉会の青木一博氏に深く感謝申し上げる。なお本稿は、科学研究費補助金（研究課題二六三八〇七八二及び一七K四二五九）の研究成果の一部である。

注

1 「ホームドア」の団体の概要と事業及び特徴的事業については、二〇一五年に実施した代表者へのヒアリング並びにホームドア（2014）を参考にした。

2 「ビッグイシュー日本」の団体の概要と事業及び特徴的事業については、二〇一五年に実施した代表者へのヒアリング並びにビッグイシュー日本（2015）を参考にした。

3 「わっぱの会」の団体概要と事業及び特徴的事業については、二〇一六年に実施した代表者へのヒアリング並びにわっぱの会（2015）：わっぱの会（2016）を参考にした。

4 「グリーンコープファイバーリサイクルセンター」の団体概要と事業及び特徴的事業については、二〇一五年に実施した代表者へのヒアリング並びにグリーンコープ連合（2014）：グリーンコープファイバーリサイクルセンター（2013）：グリーンコープファイバーリサイクルセンター（2015）を参考にした。

5 「よさのうみ福祉会」の団体概要と事業並びに特徴的事業については、二〇一六年に実施した代表者へのヒアリング並びによさのうみ福祉会（2016a）：よさのうみ福祉会（2016b）を参考にした。

文献

岩田正美（2008）『社会的排除』有斐閣
大室悦賀（2011）「ソーシャルビジネスの時代」大室・大阪NPOセンター編著『ソーシャルビジネス』中央経済社
グリーンコープ連合（2014）『アイライク「元気」』
グリーンコープ（2013）『社会福祉法人グリーンコープのご案内』
グリーンコープファイバーリサイクルセンター（2015）「グリーンコープ―生活困窮者の自立支援としての就労支援―ファイバーリサイクルセンターの取り組み」
グリーンコープファイバーリサイクルセンター（2015）『誰もが就労しやすい支援の構築と社会の実現を目指して』
田中弥生（2008）『NPO新時代』明石書店
谷本寛治「ソーシャルエンタープライズ（社会的企業）の台頭」谷本編著『ソーシャルエンタープライズ』中公経済社
ビッグイシュー日本（2015）「ビッグイシュー日本パンフレット」
ホームドア（2014）『2013　Annual Report』
藤井敦史（2013）「社会的企業のハイブリッド構造と社会的包摂」藤村編『シリーズ福祉社会学③　協働性の福祉社会学』東京大学出版会
山本隆（2012）「社会的企業の台頭」神野・牧里編著『社会起業入門』ミネルヴァ書房
山本隆編（2014）『社会的企業論』法律文化社
よさのうみ福祉会（2016a）『要覧　よさのうみ福祉会』
よさのうみ福祉会（2016b）「養護学校づくり運動、共同作業所づくり運動から社会福祉法人よさのうみ福祉会の設立へ」
米澤旦（2011）『労働統合型社会的企業の可能性』ミネルヴァ書房
わっぱの会（2015）「運営と配分金」
わっぱの会（2016）「わっぱの会の運動・事業―その歴史と現状―」
ボルザガ・C＆ドゥフルニ・J（2004）山内・石塚・柳沢訳『社会的経済』日本経済評論社

第2部　新しい〈つながり〉の力

第5章　つながりと自殺予防

スポーツを通した身近な地域のサードプレイスの可能性

和　秀俊

現在、男性高齢者の孤立を原因とする自殺は深刻な問題であるが、社会参加などによってソーシャル・キャピタル（社会関係資本）を再構築することが、自殺予防に繋がると言われている（稲葉 2011）。ソーシャル・キャピタルは、内向きの指向をもち排他的になりやすい傾向がある「ボンディング（結束型）」と、外部の異なる集団との連携に優れより広い互酬性を生み出すことができる「ブリッジング（橋渡し型）」に分けることができるが（Putnam 1992）、どのような「つながり」やソーシャル・キャピタルが、男性高齢者の自殺予防に繋がる可能性があるかどうかはほとんど検討されていない。併せて、そのような「つながり」やソーシャル・キャピタルを形成する「きっかけ」や「仕組み」づくりも重要な課題である。

そこで本章では、自殺予防が喫緊の課題であるわが国において、特に深刻かつ重要な課題である男性高齢者の自殺予防に向けた「つながり」やソーシャル・キャピタルと、それらを形成する「きっかけ」や「仕組み」を検討することを目的とする。

1 はじめに

（1）男性高齢者の孤立化

超高齢社会であるわが国において、二〇〇七年から団塊世代の一斉退職をはじめとして会社退職者、特に男性の定年退職者（以下、男性退職者）が急増し、彼らが現役時代に培ってきた技術や知識、ネットワークを地域づくりや福祉コミュニティ形成に活かしていくことが期待されている。しかし、会社人間として働いてきた男性退職者は、現役時代は家と会社の往復で家や地域のことは妻に任せたままでいたため、定年後はまちづくりどころか家族や地域社会に溶け込めず自分の居場所すらない。その結果、家に閉じこもり気味になり、心身の健康を害してしまい、自殺に至る人も増えてきている。また、このことは男性退職者だけの問題ではなく、配偶者である妻にとっても大きな問題である。つまり、「濡れ落ち葉」のようにいつも妻と一緒にいたり、特に趣味もなく妻の気持ちも考えずに一日中家におり、妻の行動を監視し何するにしても口出しをする夫と退職後の家庭生活を送ることによって、主人（夫・亭主）在宅ストレス症候群やノイローゼになってしまう配偶者もいるのである。

したがって、家庭内外で退職後の生活を上手く構築できない男性退職者にとって、地域生活が重要となってくる。このことは、特に異質で多様な住民層が生活し多面的で重層的な地域である大都市圏郊外に顕著である。また、高齢期の生活構造は日常生活圏が限られてくるので、身近な地域での生活をする地域生活者となることが求められる。男性退職者が地域生活者となることとは、男性退職者が「多様な人々が身近な地域で緩やかな『つながり』や無理のない気軽な『助け合い』を形成し、地域における役割を獲得し自己存在を確認すること」を意味する（和 2013）。したがって、大都市圏郊外において、男性退職者がどのように身近な地域で多様な地域住民と「つながり」を形成し「助け合い」ながら、地域生活者となるかが重要な課題である。

（2）高齢者の自殺の現状と課題

内閣府「平成二九年中における自殺の状況」によると、二〇一七年における日本の総自殺者数は二万一三二一人、人口一〇万人当たりの自殺者の数（自殺率）は一六・八人である。これは同じ年の交通事故死者数（三六九四人）の五・七七倍に上る。一九九八年には年間自殺者数が三万二八六三人となり、統計のある一八九七年以降で初めて三万人を突破した。この急増は、金融破たんの借金苦による中年男性の自殺の増加であったことが明らかにされている。さらに二〇〇三年には三万四四二七人に達し現在までにおける過去最高となっている。以降は二〇〇九年まで三万二〇〇〇人台で推移し、一九九八年以来年間三万人を超える状況が続いている。二〇〇六年に自殺対策に関する初めての法律である自殺対策基本法が施行され、二〇〇七年には政府が推進すべき自殺対策の指針として自殺総合対策大綱が策定された。それによって、うつ病などの精神疾患に対する普及啓発活動や総合相談窓口の整備などの自殺対策の成果が表れ、二〇一二年は二万七八五八人となり一五年ぶりに三万人を下回ったものの、依然として高齢者の自殺者数が多い。高齢者（六〇歳以上）の自殺者は、総自殺者数の四割（四〇・〇％）となっており、その中でも、男性高齢者の自殺は、女性高齢者三〇四一人に対し、一・八倍にあたる五四八〇人であった。このように、日本において高齢者の自殺、特に男性高齢者の自殺は、深刻な社会問題といえよう。

また職業別にみると、無職者が一万二二八〇人（五七・六％）と自殺者数の約六割を占め、次いで被雇用者・勤め人六四三二人（三〇・二％）、自営業・家族従事者一四四五人（六・八％）、学生・生徒等八一七人（三・八％）の順となっている。無職者の年齢別の自殺者数によると、男女とも七〇代が最も多く（男性一五三五人、女性一〇二七人）、次いで六〇代（男性一四二四人、女性八七二人）、八〇代以上（男性一二三八人、女性九二八人）と続く。特に男性は、七〇代の自殺者数が最も多いことから、定年退職後の嘱託勤務などを終え完全リタイアした後に、自殺者が多いといえるであろう。就労者の多くが定年期を迎え、人々のライフスタイルが大きく変化する六〇代、七〇代を境に、自殺死亡率もまた大きく変化すると言われている。したがって、男性退職者の自殺が、わが国において重要な課題であると考えられる。

定年退職制度とは、就業規則または労働協約により一定の年齢を定め、労働者がその年齢に到達した時点で、雇用契約が終了するという制度である。日本の多くの企業が六〇歳定年制であるが、現在は二〇〇〇年に高年齢者雇用促進法が改正され、定年年齢を六五歳まで引き上げる本格的な取り組みが展開されている。定年後は、職業生活から引退する人、元の会社に再雇用される人、自分で新しい仕事を見つけて働く人など様々であり、多くの場合、定年退職は職業生活からの引退を意味しないが、定年はそれを契機として引退に向けての多様なプロセスが始まる重要なライフイベントになっている。また、七〇代男性の無職者の自殺者数が最も多かったことからも、定年退職後に何らかの形で継続していた職業生活から完全にリタイアして仕事という役割を喪失することは、男性退職者において重要な課題であると思われる。

自殺予防は、自殺予防教育や啓発活動などの一次予防としてのプリベンション（prevention 事前予防）、精神疾患や差し迫った危機を発見して危機介入する二次予防としてのインターベンション（intervention 介入）、遺族へのグリーフケアなどの三次予防としてのポストベンションション（postvention 事後対応）の三段階に分類される。しかし、現在の自殺予防の研究や実践は、自殺は「心の健康」という個人的な課題であると位置づけ、保健・医療によるインターベンションの医療モデルが中心となって対策がなされ、プリベンション、ポストベンションはほとんど行われていない。

ＮＰＯ法人ライフリンク（2013）によると、自殺の背景は、「健康問題」、「経済・生活問題」、「家庭問題」、「勤務問題」、「学校問題」、「男女問題」、「その他」から構成される六九項目の危機要因があり、これらの複数の危機要因が相互に連鎖し合いながら「自殺の危機経路」を形成しているという。また、高橋祥友（2006）は、自殺の危険因子を①自殺企図歴、②精神障害の既往、③サポートの不足、④性別、⑤年齢、⑥喪失体験、⑦性格、⑧他者の死の影響、⑨事故傾性、⑩児童虐待、⑪身体疾患の既往に整理し、気候や風土などの環境因、うつ病などの精神疾患、問題を抱えやすい性格傾向、家族間の不和や死別などの家族負因、衝動性のコントロールを障害する生物学的な要因などが複雑に関係しあって、自殺に繋がることを指摘している。このように、自殺の原因は複合的であり社会的な問題であるため、従来の事後救済やキュアよりケアを重視した包括的、社会的な視座を踏まえた総合的な自殺予防である「福祉モデル」が求められている。

自殺予防のプリベンションとして、国家レベルの貧困対策や雇用対策などの社会政策も重要な対策であるが、自殺率は青森県、秋田県、新潟県、富山県、島根県、高知県、宮崎県、鹿児島県（特に奄美群島）などが高く地域間格差があるため、自殺予防の「福祉モデル」は、より身近な地域に根差した対策が必要であり、地域社会のネットワークを基盤として地域での持続的なケアを可能とする地域福祉によるアプローチが必要である。したがって、自殺率の高い自治体において、自殺対策、自殺予防は深刻な生活問題であり、当該地域ごとに地域福祉やコミュニティ政策として取り組むべき課題である。

このような課題が求められる中、二〇一六年に自殺対策基本法が改正され、二〇一七年には新たな自殺総合対策大綱が策定されたことによって、地域レベルの実践的な取組みへの支援を強化することを目的に、都道府県・市町村はそれぞれ自殺対策計画を策定し、財源も含めた当該地域の状況に応じた自殺対策に取り組むこととなった。また、自殺対策は、「生きることの包括的な支援」であるとし、「保健、医療、福祉、教育、労働その他の関連施策との有機的な連携を図り、総合的に実施」し、当該地域ごとのコミュニティ政策として取り組まれることとなった。

(3) 高齢者の自殺の要因

内閣府「平成二九年中における自殺の状況」によると、六〇歳以上の高齢者の自殺の原因・動機は、健康問題(身体の病気、うつ病など)が五三九〇人と最も多く、次いで家庭問題(親子関係の不和、夫婦関係の不和など)一二一一人、経済・生活問題(生活苦、負債、失業など)九九八人と続く。先行研究においても、高齢者の自殺の特徴は、うつ病と関連した自殺が多いことや、身体的症状が中心となるうつ病と関連が示唆されている。このように、高齢者の自殺の原因・動機は、健康問題が圧倒的に多いが、次に多い家庭問題も、先にみたように定年退職後の夫婦関係から生じる課題から考えると深刻な問題であると思われる。

健康問題による病苦は高齢者の自殺の動機で最も多いが疾患が重篤な場合は少なく、癌を除けば、高血圧症、神経痛など家族の思いやりなどによって癒される疾患が多いため、真の動機は家庭内での人間関係に潜んでいるとも言われている。このように、高齢期においてうつ病などの精神的疾患や癌などの身体的疾患による健康問題が自殺に繋がるかどうかは、夫婦関係や家族関係などの家庭問題の影響が大きいと考えられる。また、高齢者の心理的な背景には、高齢者が病気などを患ったときに家族に迷惑や負担をかけたくない気持ちが強いことや、高齢者が配偶者や子どもとの死別や別離に伴う孤独に弱いことなどがある。そして、高齢者の自殺は、一人暮らしの高齢者よりも家族と同居している二世代、三世代同居の高齢者に自殺が多いが、その理由として、心理的側面から、家族内での心理的な孤独、嫁姑の葛藤、高齢者に対する役割期待の喪失が挙げられる。

したがって、二世代、三世代家族の中での孤独感や役割喪失感、家族に対する重荷の意識という高齢者特有の自殺の要因を軽減させることが、高齢者および男性退職者の自殺予防において重要な課題であるといえよう。

(4) 高齢者の自殺予防メカニズム

「高齢者自殺の心理社会的モデル」では、老年期に役割を狭小化した生活や地域組織との交流の欠乏による「孤立を促すライフスタイル」を送ることによって、退職や配偶者の死、身体機能喪失などの「喪失体験」を経験することで心理的に孤立に陥り、うつ状態の誘発や衝動性の亢進などの「生物学的要因」によって高齢者は自殺に至るとしている(坂下 2003)。従来の自殺予防の研究や実践は、自殺に至る一歩手前のうつ状態の誘発などの生物学的要因に対しての対症療法的な医療的アプローチである二次予防が中心であった。しかし、坂下のモデルによると、退職や身体機能喪失などの喪失体験は、高齢期において誰しもが経験することである。したがって、喪失体験を経験したとしてもうつ状態などにならない生活を送ることが必要となってくる。そのためには、地域活動に参加することで地域における役割を獲得し、地域住民との交流を豊かにすることによって、孤立を促すライフスタイルを改善し、孤独感を軽減する一次予防が重要である。高齢者は孤独・社会的孤立に陥りやすく、高齢者の孤独は、自殺やうつ病に関係していることが明らかにされている。

以上みてきたように、高齢者の自殺は独居よりも同居家族内での孤独感が主な原因だといわれており、高齢者の自殺予防には、地域活動に参加することで地域における役割を獲得し、地域住民との交流を豊かにすることによって「つながり」を構築し、孤立を促すライフスタイルを改善することによって、孤独感を軽減するというメカニズムを実践することが必要である。この高齢者の自殺予防メカニズムは、先述した男性退職者が「多様な人々が身近な地域で緩やかな『つながり』や無理のない気軽な『助け合い』を形成し、地域における役割を獲得し自己存在を確認すること」という男性高齢者が地域生活者となる概念枠組みと重なる。つまり、男性退職者が地域生活者となることが、自殺予防に繋がる可能性があるといえよう。

2　自殺予防に向けた「つながり」の検討

まず自殺予防に繋がる可能性がある「つながり」やソーシャル・キャピタルを検討するために、全国の中でも自殺率が高い自治体の中で、ここ数年あまり自殺率が減少していないA県とB県、C町における事例を紹介する（事例の概要は表1を参照）。

(1) 地域の役割獲得や交流だけでは予防できない自殺——再検討の必要性

B県の社協職員に話を聞くと、定年退職後、積極的に地域のボランティア活動に参加することにより地

表1　事例の概要

エリア	対象と手法	概要
A県	県庁・保健センター職員へのヒアリング	・真面目さや勤勉さを美徳とし、教育を重視する県民性と、それに伴う落ちこぼれ意識や劣等感が自殺に影響している可能性 ・地域の「しがらみ」の強さが自殺に影響している可能性 ・優秀な人材が地元に戻ってこないことによる寂しさや落胆
B県	社協職員へのヒアリング 頂いた資料のドキュメント分析	・あらゆる分野でB県がワースト3であることによる子どもたちの自尊心の低さ ・生き生きとしているよう見えた2名の男性退職者の自死
	県庁・保健センター職員へのヒアリング 頂いた資料のドキュメント分析	・南海トラフ地震が懸念されるために産業を誘致できないことに起因する経済面と、B県の風土としての飲酒の多さによる突発的な原因が自殺に影響している可能性 ・教育を重視する県民性とそれに伴う落ちこぼれ意識や劣等感が自殺に影響してる可能性 ・手塩にかけて育てたわが子が地元に戻ってこないことによる親の寂しさと落胆 ・特に、中山間部の地域の「しがらみ」の強さが自殺に影響している可能性
C町	社協職員へのインタビュー サロン活動や地域活動等を通した参与観察	・真面目さや勤勉さを美徳とし、教育や出世を重視する島民性と、それに伴う落ちこぼれ意識や劣等感が自殺に影響している可能性 ・地域の「しがらみ」の強さが自殺に影響している可能性 ・本土に対する劣等感による自尊心が低い子どもや若者 ・孤立してきているIターンの人たち ・本土で精神的に打ちのめされて島に戻ってくる若者 ・自信が持てない島民 ・優秀な人材が島に戻ってこないことへの嘆き
	町役場職員へのインタビュー 頂いた資料のドキュメント分析	・専門職であっても、昔からよく知っている人が多く、匿名性が担保されず、悩みを相談できない ・50代の現役世代の自殺の増加 ・優秀な人材が島に戻ってこないことが課題

域での役割を得て、地域住民との交流を楽しみながら、生き生きとしているように見えた二人の男性が、相次いで自ら命を絶ったことを伺った。先にみてきたように、従来の研究では、高齢者の自殺予防には、地域活動やボランティア活動によって、地域における役割の獲得や地域住民との交流による「つながり」の構築を通して、孤立を促すライフスタイルを改善することによって、孤独感を軽減することが必要であると言われてきた（和

2011、川上 2015)。しかし、今回の事例から、従来の研究を再検討する必要性が出てきた。亡くなった二人の方は、人が良く生真面目で責任感が強いという共通するパーソナリティがあるようにも思われるが、家族関係は良好であったようであり、自殺に至った主な原因がわからないという。極端な完全主義な性格は自殺の危険因子と考えられていることから、生真面目で責任感が強いという二人の性格が、死に至る原因の一つとなったかもしれない。しかし、このような性格の男性退職者は、自殺率が高くない地域にも数多く存在すると思われる。したがって、自殺率が高い地域は、他にも自殺の危険因子があると思われる。それでは、何が彼らを自殺まで追い込んだのであろうか。

(2) ソーシャル・キャピタルの両面性

A県、B県、C町という自殺者の多い地域の特徴として、地域住民同士の互酬性の規範や「しがらみ」の強さが共通すると思われる。このことは、デュルケイム (1987) が、自殺率は、集団の凝集力に比例して増加すると論じているところからも窺い知ることができよう。また、従来のソーシャル・キャピタル研究においても、同質な者同士が結びつくボンディング (結束型) のソーシャル・キャピタルの良い面もあるが、ダークサイドとして、心の病の場合は、ボンディングなソーシャル・キャピタルが悪影響を及ぼすケースがあることが論じられている (川上 2015)。稲葉 (2011) は、ソーシャル・キャピタルの「持ちつ持たれつ」「お互い様」といった互酬性の規範が強すぎると、かえって社会の寛容度が低下し、また、「しがらみ」は、お互いに言いたいことが言えないことを指摘している。

C町の役場職員によると、「地域住民はあまりにもお互いを知り過ぎていて、気軽に弱音を吐いたり、愚痴さえも言えない」ということであった。C町は、奄美群島の中でも特に自殺率が高く、働き盛りの五〇代男性の自殺者が多い。島民は専門機関や専門職でも匿名性が確保できないと思うため、困りごとがあったり悩んでいても相談することができないという。

また、社協職員は、C町は地域における「しがらみ」が強く、いつも同じ顔ぶれで地域活動などを行っているため、一体感がある一方で他の地域（集落）の人たちを排除する閉鎖的な側面もあるなど典型的な従来型コミュニティであるという。このことは、島民や本土のD島出身者の言動からも伺うことができ、D島を研究している高橋孝代（2006）も、D島は同じ集落の者同士の結束は固く、他の集落や島外の人たちに対して排他的であることを述べている。したがって、この地域（集落）における「しがらみ」の強さや閉塞感が、自殺に影響があるのではないだろうか。A県とB県のヒアリングにおいても、C町と同様に、地域における「しがらみ」の強さが自殺に影響している可能性があることを伺えた。そして、C町は海に囲まれ本土から離れているため、島外との「つながり」を感じることが難しく、離島特有の閉塞感や孤独感もあるようである。

さらに、島民、特に子どもや若者は本土に対する劣等感などから自尊心が低いという。サロン活動や地域活動における参与観察によると、若者は、高校を卒業してから島を出て、本土の大学や専門学校に通ったり仕事をするが、離島出身であることで偏見や差別を受けたり、本土の人たちに圧倒されて、劣等感を抱き自尊心も低くなり島に戻ってくる。また、C町があるD島は、歴史的な背景のもと勤勉さが美徳とされ、教育や社会的成功が重視される。このことは、島民や本土のD島出身者からもよく聞くが、高橋（2006）もD島研究に基づき同様のことを述べている。そのため、そこから落ちこぼれた子どもや若者は劣等感を持ち、次第に自尊心が低くなるのではないだろうか。勤勉さを美徳とし教育を重視する県民性を持つA県とB県でも、D島と同様の傾向が見られた。

高橋（2006）によると、島の人々が、子供の教育に力を入れ、将来医者や教員などの専門職に就くように子供に言い聞かせ、本土の人たちに負けないような社会的成功をおさめることで、本土に対する劣等感を乗り越え偏見を払拭しようとしているという。したがって、このように社会的成功者となり得ず、島に戻ってきた人たちの自尊心を高めていくことが、自殺予防において重要な課題であると思われる。

また、家族や親族、集落の期待を受け社会的成功者となり本土で活躍しているものの、島に戻らない場合が多いことがD島の課題であるという。このような状況に対して、家族や親族、集落の人たちは、嘆き落胆し、寂しさを感じているという。このように、勤勉さを美徳とし優秀な人材を輩出しながらも、社会的成功者が地元に帰って来ないことによって地元住民が見捨てられ感を抱くことは、A県とB県も同じ状況であった。したがって、このことは、自殺率の高い地域において共通する特徴であると言えるのではないだろうか。

このように、C町のあるD島は、地域の「しがらみ」により気軽に弱音を言ったり相談ができず、島外や他地域（集落）との「つながり」を感じづらいために閉塞感や孤独感が生まれ、また、本土の人たちに対する劣等感に起因する自尊心の低さやD島出身の社会的成功者からの見捨てられ感などが、自殺に繋がっているかもしれない。したがって、島外との「つながり」を作ることは、このような島民の孤独感や閉塞感、さらには劣等感や見捨てられ感を少しでも軽減させることができると思われる。

以上見てきたように、人々の間の協調的な行動を促す「信頼」「互酬性の規範」「ネットワーク（絆）」であるソーシャル・キャピタルが、単に豊かになれば自殺予防に繋がるということではなく、どのような「つながり」、ソーシャル・キャピタルが自殺予防に有効であるかを検討することが必要である。

（3）自殺予防に繋がる「つながり」とは

それでは、自殺予防に繋がる「つながり」やソーシャル・キャピタルとは、どのようなものが有効であろうか。全国で極めて自殺率の低い徳島県海部町を研究した岡によると、自殺予防因子が以下の五つであるという（岡 2013）。一つ目は、多様性を尊重し、異質や異端なものに対する偏見が小さく、「いろんな人がいてもよい」、さらには「いろんな人がいたほうがよい」という考えである。二つ目が、職業上の地位や学歴、家柄や財力などにとらわれることなく、その人の問題解決能力や人柄を見て評価するという人物本位主義をつらぬくことである。三つ目は、「どうせ自分なんて」と考えずに、主体的に社会に関わることである。四つ目は、「病、市に出せ」といって、病気や家庭内のトラブルなど生きていく上でのあらゆる問題を早めに周囲に開示することによって、取り返しのつかない事態に至る前に周囲に相談せよという教え（＝内にためずに、市（いち）つまり自分の住む空間に出しなさいという教訓）である。五つ目は、日常的に生活面で協力し合うよりも、立ち話程度やあいさつ程度のつきあいで、必要があれば過不足なく援助するというような「ゆるやかにつながる」ことである。今回調査した自殺率の高い地域であるA県、B県、C町は、ことごとく岡が提案する自殺予防因子の反対の状況、つまり、閉鎖的で排他的であり、社会的地位を重視し、劣等感や低い自尊心を抱き、誰にも気軽に悩みを相談できず、日常的な互酬性や地域住民同士の結束力が強いなど、「しがらみ」が多い地域である。このことから、この自殺予防因子、さらには本研究によって導かれた自殺の危険因子は妥当であると思われる。

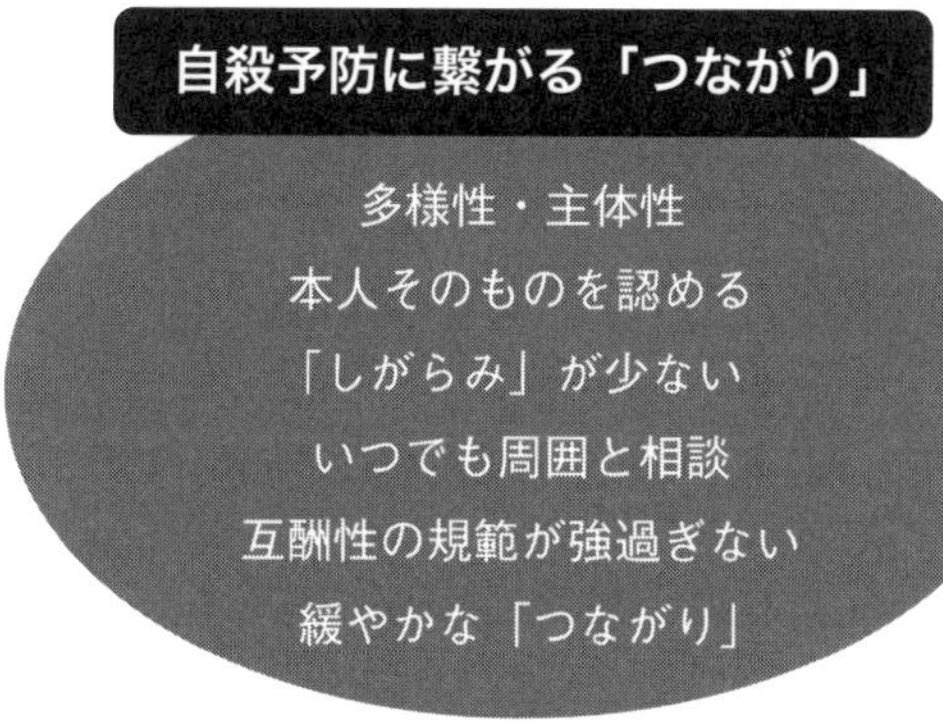

図１　自殺予防に繋がる「つながり」

この自殺予防因子を「つながり」やソーシャル・キャピタルという視点で整理すると、「多様性や主体性、本人そのものを認め、『しがらみ』が少なく、いつでも周囲と相談でき、互酬性の規範が強すぎない緩やかな『つながり』」が自殺予防に繋がる「つながり」であり、ブリッジング（橋渡し型）のソーシャル・キャピタルといえよう（図1）。

それでは、自殺予防が喫緊の課題であるわが国において、特に深刻かつ重要な課題である男性退職者の自殺予防には、どのような「つながり」が必要であろうか。先に確認したように、男性退職者が「多様な人々が身近な地域で緩やかな『つながり』や無理のない気軽な『助け合い』を形成し、地域における役割を獲得し自己存在を確認すること」によって地域生活者となることは、自殺予防に繋がる可能性が示された。また、この男性退職者が地域生活者となる概念枠組みは、上記の「自殺予防に繋がる『つながり』」にも重なる。したがって、男性退職者の自殺予防に繋がる「つながり」とは、「多様な人々が身近な地域で、役割を獲得し自己存在を確認することができ、無理のない気軽な『助け合い』を形成する緩やかな『つながり』」であると思われる（図2）。そこで、男性退職者の自殺予防のためには、このよう

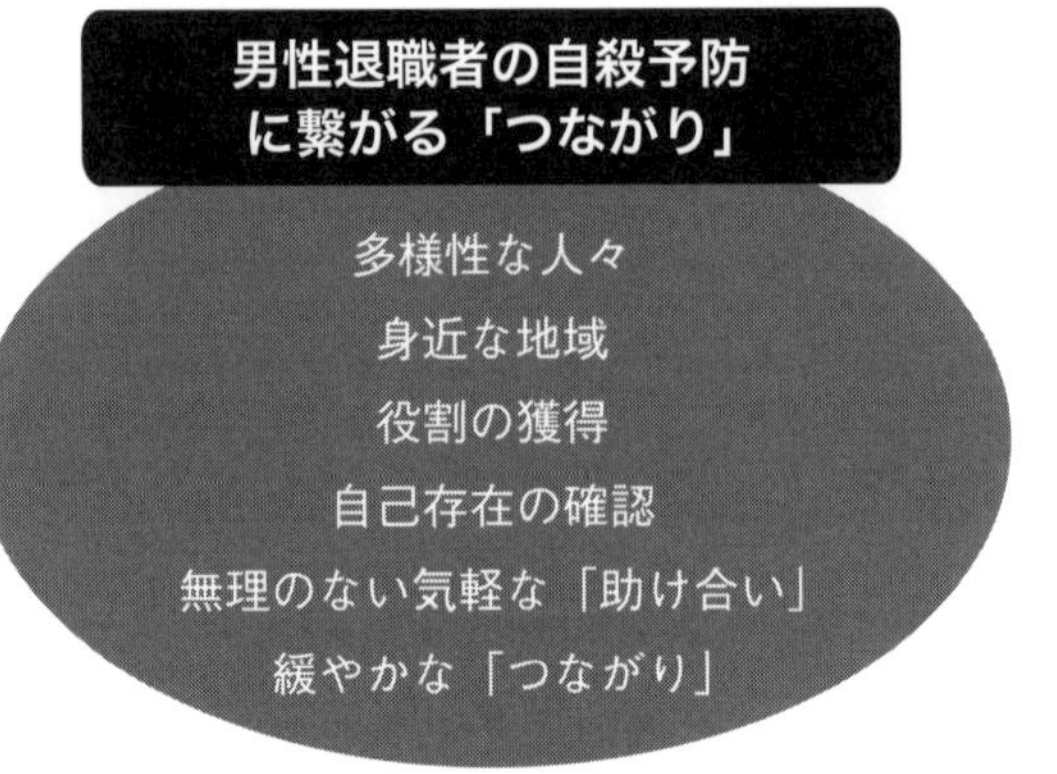

図２　男性退職者の自殺予防に繋がる「つながり」

な「つながり」を構築することができる「きっかけ」や「仕組み」を検討することが必要である。

3　自殺予防に向けた「きっかけ」・「仕組み」の検討

次に、男性退職者の自殺予防に向けて、「多様な人々が身近な地域で、役割を獲得し自己存在を確認することができ、無理のない気軽な『助け合い』を形成する緩やかな『つながり』」を、男性退職者が構築することができる「きっかけ」や「仕組み」を検討する。

前節において、男性退職者が地域生活者となることは、自殺予防に繋がる「つながり」であることが確認されたことから、男性退職者の自殺予防に向けた「きっかけ」や「仕組み」づくりを検討するために、男性退職者が地域生活者となる「きっかけ」や「仕組み」を検討した先行研究を整理した。その結果、町内会やボランティア活動などの男性退職者が参加している代表的な社会参加活動は、より多くの男性退職者が地域生活者となるための「きっかけ」や「仕組み」となるには限界があることがわかった。そこで、他の社会参加活動を検討したところ、総合型地域スポーツクラブは、男性退職者が「多様な人々が身近な地域で緩やかな『つながり』や無理のない気軽な『助け合い』を形成し、地域における役割を獲得し自己存在を確認すること」によって地域生活者となる「きっかけ」と「仕組み」の可能性があることがわかった（和 2010）。総合型地域スポーツクラブとは、主にヨーロッパ諸国などに見られる地域スポーツクラブの形態で、地域において、子どもから高齢者、障がい者、外国人など多様な人々が参加でき、参加者が会費を払う受益者負担のもと、地域住民が自主的・主体的に運営する複数種目からなるスポーツクラブのことである。

そこで、男性退職者の自殺予防に向けた「きっかけ」や「仕組み」を検討するために、A県の中でも特に自殺率が高いF市の総合型地域スポーツクラブであるGクラブを対象とした事例を紹介する。

(1) 総合型地域スポーツクラブと自殺予防との関連

A県の自殺予防や総合型地域スポーツクラブの現状と課題を把握するために、A県庁の地域スポーツと自殺対策の関係担当課の担当職員に話を伺い、その際頂いた資料も含めて検討した。その結果、まずA県の中でも、特に自殺率が高い地域を整理することができ、都市部よりも農村部や山間部の方が自殺率が高いことがわかった。この結果は、日本のどの地域においても同様の傾向が見られ、農村部や山間部は、閉鎖的で住民同士の「しがらみ」が強い従来型コミュニティであることが多い。したがって、前節でも検討したように、A県の農村部や山間部における自殺率の高さは、デュルケイムの自殺論やソーシャル・キャピタルのダークサイドの視点からも、窺い知ることができよう。

また、A県内における総合型地域スポーツクラブの設立数が増加するにつれて、A県の自殺率が減少していることがわかった。もしかしたら、総合型地域スポーツクラブの取り組みが、当該地域の自殺予防に少しでも影響したのかもしれない。

（2）自殺のハイリスクであるうつ病患者を対象とした総合型地域スポーツクラブの可能性

次に、総合型地域スポーツクラブの自殺予防の「きっかけ」や「仕組み」の可能性を検討するために、前述のA県庁で得た分析結果から、調査対象をA県の中でも特に自殺率が高いF市の総合型地域スポーツクラブであるGクラブを選定した。具体的には、自殺のハイリスクである四〇代のうつ病患者二名が、Gクラブでうつ病改善に効果があるプログラムに参加することによって、心身の効果のみならず、どのような社会的な効果があったかについて、Gクラブのスタッフに話を伺った。二名のうつ病患者は、F市ではなく隣の市に居住している。つまり、閉鎖的で排他的で「しがらみ」が多い身近な地域から離れた地域のクリニックに通っていることとなる。

Gクラブと F市の精神科クリニックと連携して、クリニックで受診しているうつ病患者が、Gクラブでうつ病改善に効果がある「スロージョギング」という有酸素運動のプログラムを行った。その結果、運動効果としてのうつ病改善に繋がっただけではなく、離職したことにより自宅とクリニックの往復だけであった日常生活に、居住地から少し離れた地域にある総合型地域スポーツクラブのプログラムに参加することで、うつ病患者にとっての地域の「居場所」ができたことが大きな成果であった。患者の一人は、Gクラブに家族がクラブ会員として参加しているので、本人も参加しやすかったようである。また、受け入れ側のクラブスタッフも、「いつも障害があるなし関係なく対応しているので、うつ病の方も特に気になりません」と言っていた。このように、Ｇクラブのような総合型地域スポーツクラブは、性別、国籍、障害の有無などを問わず、いつでも誰でも参加できるので、ある患者も家族で一緒に参加することができ、またクラブスタッフも参加者も、うつ病者に対しても偏見を持たずに受けて入れてくれたことも要因だと思われる。またある患者は、Ｇクラブに参加することによって、生活のリズムができ、地域との接点を持てるようになったことで、復職（リワーク）に繋がった。

以上見てきたように、総合型地域スポーツクラブは、自宅とクリニックの往復だけのうつ病患者にとっての「第三の居場所」、つまり「サードプレイス（第三の場所）」となり、閉鎖的で排他的な「しがらみ」が多い身近な地域から少し離れた地域との「つながり」を持てる場所となっていると思われる。サードプレイス（the third place）とは、Oldenburg（1989）が提唱した概念で、家庭（第一の場）でも職場（第二の場）でもない第三のインフォーマルな公共生活の場、すなわち居心地よい場所を意味する。また、総合型地域スポーツクラブがアソシエーションであるからこそ、彼らにとっても地域の「しがらみ」から解放されたサードプレイスになっている。

そもそもクラブとは、ヨーロッパでは特権階級のものであったが、主として、娯楽、レクリエーションを目的として結成される人為的、自発的な近代的集団であって、社会集団の類型としては、アソシエーション、ゲゼルシャフト、あるいは第二次集団などのいわゆる機能集団の一つに数えられ、同じ機能集団の類型に属している集団の中でも、加入、脱退の条件や権利義務の関係など集団内統制が最も自由かつルーズな集団で開放的であると言われている。そして、スポーツクラブは、イギリスやドイツなどのヨーロッパが発祥で、スポーツを楽しむという共通の目的・関心をもった人たちによって形成される自発的で、なおかつ誰でも参加できる開放的な集まりであり、スポーツ活動を通して交流を深め、拡げる機会を提供し、彼らによって自主的に運営されるものであるという。したがって、スポーツクラブは、従来型コミュニティにおける「しがらみ」とは別に構築される、スポーツを楽しむという共通の目的のもとで、自由で開放的な「つながり」を形成するアソシエーションと言えるであろう。

しかし、従来の日本における地域スポーツクラブは、行政主導でほとんどが小規模で単一種目を行い、限られた年齢や性別、またレベルなどによって組織され、本来のスポーツクラブからほど遠い状況であった。そのような中、一九九五年から文部省のモデル事業として始まった総合型地域スポーツクラブは、多種目、多世代、多志向で、誰もが参加でき、参加者である地域住民が自主的・主体的にクラブ運営を行っている。したがって、このような特徴を持つ総合型地域スポーツクラブこそが、本来のスポーツクラブということができよう。

このように、総合型地域スポーツクラブというアソシエーションは、自殺のハイリスクである四〇代のうつ病者にとって、参加しやすいサードプレイスであり、定期的にうつ病改善に繋がるプログラムに参加することが「きっかけ」となって、うつ病が改善され、生活のリズムもでき、さらにはリワークにまで繋がる「仕組み」となっていた。したがって、総合型地域スポーツクラブは、自殺予防の「きっかけ」や「仕組み」となる可能性があるのではないだろうか。

（3）男性高齢者がクラブ活動に参加することによって得られる自殺予防に繋がる効果

最後に、自殺予防の「きっかけ」や「仕組み」となる可能性があるGクラブを対象に調査することによって、自殺率の高い地域において、男性高齢者が総合型地域スポーツクラブの活動に参加することによって得られる自殺予防に繋がる効果について検討した。

Gクラブに参加している一〇名の男性高齢者を対象にしたグループインタビューの結果、Gクラブのウォーキングのプログラムは、男性退職者が多く参加しており、それぞれの参加者は、異なる地域（集落）から参加しているという。F市は、地域における「しがらみ」が強く、いつも同じ顔ぶれで祭りや町内会などの地域活動を行っている。そのような中、Gクラブは、自分が住んでいる地域の「しがらみ」から解放された彼らにとってのサードプレイスとなっているという。F市唯一の総合型地域スポーツクラブであるGクラブがほぼ市の中央に位置しているため、市内のどの地域（集落）からでもアクセスしやすいことも、多様な地域の人たちにとって少し離れた地域でのサードプレイスとなり得る要因であろう。また、うつ病患者と同様に、総合型地域スポーツクラブがアソシエーションであるからこそ、男性高齢者にとっても地域の「しがらみ」から解放されたサードプレイスになっていると言えよう。

これまでの研究において、男性退職者が地域に関わる「きっかけ」として、スポーツが有効であると考えられている。高齢者を対象とした調査によると、健康・スポーツは、男性高齢者にとって最も参加し、開放的で誰でも参加しやすい活動であるという。また、コミュニケーションが下手な人が多い男性高齢者にとって、歴史的にジェンダーとして男性性を構築し、非言語的コミュニケーションであるスポーツは、男性高齢者が社会参加しやすいツールとして有効であると言われている。定年退職者の適応理論においても、レジャー活動、特にスポーツは社会的適応のために最も重要かつ有効な適応促進要因であるという。このように、健康・スポーツは、男性退職者が地域に関わる「きっかけ」として最も有効なのではないだろうか。

また、彼らたちは、ウォーキングをしながら、世間話やちょっとした相談などを行っているという。そして、ウォーキングプログラムで出会った人たち同士で、身近な地域では頼みづらい困りごとに対して、必要に応じて相互に対応しているということである。これは、Gクラブにおいて、彼らたちが気軽に悩みを相談できる「ゆるやかなつながり」を構築できているといえよう。

さらに、ウォーキングプログラムの企画運営などを担当する男性高齢者も出てきた。このように、総合型地域スポーツクラブにおいて、男性退職者がスポーツを通した健康づくりのプログラムに参加するようになり、継続的に参加することで、次第にプログラムを運営する意識が芽生えるプロセスは、先行研究でも示されている（和 2013）。

このように、Gクラブは、F市の男性高齢者にとって、「しがらみ」がある身近な地域から少し離れた地域で役割を獲得でき、日常的ではなく必要な時に支い合える緩やかな「つながり」を構築できるサードプレイスとなっているといえよう。また、男性高齢者はGクラブに参加することで、身近な地域の「しがらみ」から解放されることによって本人そのものが認められ、多様で緩やかな「つながり」を主体的に構築し、気軽な相談や役割を獲得することができている。先述したように、「多様な人々が身近な地域で、役割を獲得し自己存在を確認することができ、無理のない気軽な『助け合い』を形成する緩やかな『つながり』」を構築することが、男性退職者の自殺予防に繋がる「つながり」である。本章において導かれた内容はほぼ重なるが、「身近な地域で」という部分のみ異なる。これは、どういうことであろうか。

岡が提案する自殺予防因子は、もともと身近な地域の人同士の「つながり」方を示しており、自殺率が最も低い海部町の現状分析から導かれている。海部町は、海運をはじめ物流が盛んな地域であったため、昔から多様な人々の交流が行われてきた。そのため、開放的で、多様性を尊重し異質なものに対する偏見がほとんどない地域である。このような地域だからこそ、「しがらみ」ではなく「ゆるやかなつながり」などの自殺予防因子となる要素が培われてきたと思われる。それに対してF市は、海部町とは異なり、他の自殺率が高いB県やC町と同様に、閉鎖的で「しがらみ」が強い地域であるため、簡単には海部町のように身近な地域で「ゆるやかなつながり」を構築することは難しい。そこで、閉鎖的で「しがらみ」が強い伝統的コミュニティにおいて「ゆるやかなつながり」を作るには、まずは身近な地域から少し離れた地域のサードプレイスで、「しがらみ」から解放された「つながり」をどのように構築するかが重要となってくる。このことは、B県やC町でも同じことが言えるであろう。したがって、自殺率が高い地域において、自殺予防に繋がる「つながり」を構築する「きっかけ」や「仕組み」は、まずは「しがらみ」が強い身近な地域から少し離れた地域に作ることが必要だと思われる。

しかし、定年退職してからしばらくは心身ともにまだ元気であることが多いため、少し離れた地域での「ゆるやかなつながり」で問題はないが、高齢期の生活構造は日常生活圏域が限られてくるので、身近な地域で「つながり」を作ることが重要となる。したがって、定年退職直後は、Gクラブのような身近な地域とは少し離れた地域のサードプレイスで「ゆるやかなつながり」の作り方を覚え、そのノウハウを生かしながら、徐々に身近な地域において「ゆるやかなつながり」を作ることが必要であろう。そのような意味でも、総合型地域スポーツクラブは、男性退職者の自殺予防に繋がる「つながり」づくりの「仕組み」であり、「きっかけ」であると思われる。したがって、自殺率が高い地域においては、少しずつ時間をかけながら、身近な地域にサードプレイスを作ることが重要であると思われる。このようなサードプレイスは、コミュニティ型アソシエーションとも言えるだろう。コミュニティ型アソシエーションとは、趣味やスポーツなどさまざまな目的を共に達成するために、身近な地域にあり誰でも気軽に参加しやすく自発的に結成されたアソシエーションのことである（和 2017）。

そこで、C町のあるD島において、まず閉鎖的で「しがらみ」が多い地域（集落）から少し離れた地域に、集落の「ソト」に総合型地域スポーツクラブのようなアソシエーションを作ることによって、島民は集落の「しがらみ」から解放されたサードプレイスにおいて、多様な地域（集落）の人たちと緩やかな「つながり」を構築することができると思われる。そして、少しずつ時間をかけて、各集落にコミュニティ型アソシエーションであるサードプレイスを創造し、地域（集落）は従来型コミュニティのままであっても、その「第三の居場所」に行けば、「しがらみ」から解放された多様で緩やかな「つながり」を構築することができる。さらに、このような取り組みを続けていくことによって、排他的で閉鎖的な地域も、海部町のような開放的で、多様性を尊重し異質なものに対する偏見がほとんどない地域となり、身近な地域で「ゆるやかなつながり」を構築することができるようになると思われる。このことは、C町と同様に自殺率が高いA県やB県、F市においても、同じことが言えるであろう。

以上のように、総合型地域スポーツクラブは、多様な人々が居住地域から少し離れた地域で、役割を獲得し自己存在を確認することができ、無理のない気軽な「助け合い」を形成する緩やかな「つながり」を、男性退職者が構築することができるアソシエーションであり、サードプレイスである。そして、身近な地域のサードプレイスであるコミュニティ型アソシエーションを創造する「きっかけ」や「仕組み」ともなり得る。したがって、総合型地域スポーツクラブのようなスポーツを通したアソシエーションは、男性退職者の自殺予防に繋がる「きっかけ」や「仕組み」となるサードプレイスの可能性があると思われる。

4　まとめ

以上のように、本章では、わが国の喫緊の課題である自殺予防において、特に深刻かつ重要な課題である男性退職者に焦点を当てて、自殺予防に向けた「つながり」やソーシャル・キャピタルと、それらを形成する「きっかけ」や「仕組み」を検討した。その結果、多様性や主体性、本人そのものを認め、「しがらみ」が少なく、いつでも周囲と相談でき、互酬性の規範が強すぎない緩やかな「つながり」が、自殺予防に繋がる「つながり」であることがわかった。また、特に自殺率が高い地域において自殺のハイリスクであるうつ病者を対象に調査した結果、総合型地域スポーツクラブのようなアソシエーションは、自殺予防の「きっかけ」や「仕組み」となるサードプレイスであることがわかった。そして、総合型地域スポーツクラブは、男性退職者が、スポーツによる心身の健康づくりを通して、多様な人々が居住地域から少し離れた地域で、役割を獲得し自己存在を確認することができ、無理のない気軽な「助け合い」を形成する緩やかな「つながり」、つまり地域の「しがらみ」が少なく本人そのものが認められ、いつでも周囲と相談でき、多様で緩やかな「つながり」を、主体的に構築することができるサードプレイスである。そして、身近な地域のサードプレイスであるコミュニティ型アソシエーションを創造する「きっかけ」や「仕組み」ともなり得る。したがって、総合型地域スポーツクラブのようなスポーツを通したアソシエーションは、男性退職者の自殺予防に繋がる「きっかけ」や「仕組み」となる可能性があると思われる（図3）。

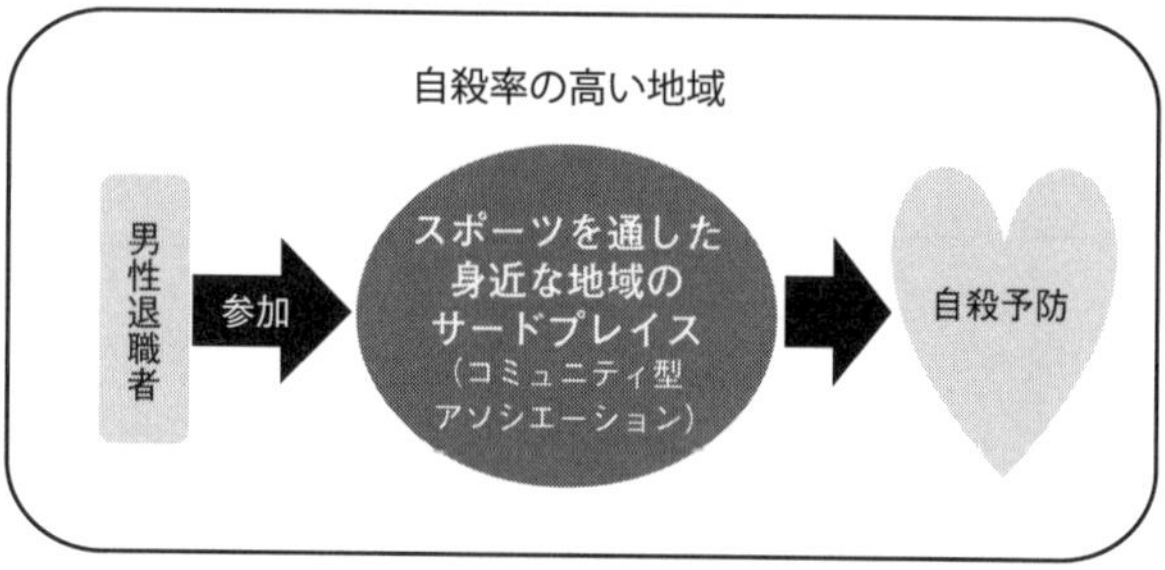

図3　スポーツを通した身近な地域のサードプレイスによる自殺予防

自殺率の高い地域の自殺予防の取り組みとして、スポーツを通したアソシエーションを「きっかけ」や「仕組み」として、少しずつコミュニティ型アソシエーションという身近な地域のサードプレイスをできるだけ多く整備していくことが必要であると思われる。多様な地域のサードプレイスができれば、男性退職者だけでなく、近年自殺率が増加している若者も地域のサードプレイスに参加するようになり、当該地域の自殺者が少しでも減少するのではないだろうか。

※本章における調査は、私立大学戦略的研究基盤形成支援事業「『うつ病者の社会的支援』および『自殺予防』に関するソーシャルモデル研究・開発」（研究代表者：松山真）、厚生労働省科学研究費健康安全・危機管理対策総合研究事業「地域保健事業におけるソーシャルキャピタルの活用に関する研究」（研究代表者：藤原佳典）において、各自治体、関係諸団体の協力のもと行われた。本調査にご協力頂いた皆様に心より感謝申し上げます。

文献

Durkheim, E.（1897）*Le Suicide*（＝宮島喬訳 1985『自殺論』中央公論新社）

内閣府（2018）「平成29年中における自殺の状況」

ＮＰＯ法人ライフリンク「自殺実態白書 2013」（http://www.lifelink.or.jp/hp/whitepaper.html　2018.1.6）

稲葉陽二（2011）『ソーシャル・キャピタル入門――孤立から絆へ』中公新書

和秀俊（2010）「男性退職者が地域の生活者となるプロセスの概念枠組みの構築――地域スポーツクラブを通した一考察」『立教大学コミュニティ福祉学部紀要』12: 16-26

和秀俊（2011）「大都市圏郊外における男性退職者の自殺予防の必要性と社会活動の可能性」『まなびあい』4: 58-72

和秀俊（2013）「男性退職者が地域生活者となる意味とは」山手茂・米林善男・須田木綿子編『園田保健社会学の形成と展開』東信堂：194-219

和秀俊（2017）「男性孤立者の支援とコミュニティ」『コミュニティ事典』春風社：558-559

和秀俊（2018）「自殺予防における総合型地域スポーツクラブの可能性――「つながり」の視点から」『田園調布学園大学紀要』12: 117-139

川上憲人（2015）「自殺対策の効果と、その評価（11）――ソーシャル・キャピタルと自殺対策」本橋豊編著『よくわかる自殺対策』ぎょうせい：60-63

岡檀（2013）『生き心地の良い町――この自殺率の低さには理由がある』講談社

Oldenburg, R.（1989）*The great good place*, Marlowe & Company（＝忠平美幸訳 2013『サードプレイス』みすず書房）

Putnam, R. D.（1993）*Making Democracy Work: Civic Traditions in Modern Italy*, Princeton University Press（＝河田潤一訳 2001『哲学する民主主義―伝統と改革の市民的構造』ＮＴＴ出版）

坂下智恵（2003）「我が国における高齢者自殺の特徴」大山博史編『高齢者自殺予防マニュアル』診断と治療社

高橋祥友（2006）『自殺予防』岩波新書

高橋孝代（2006）『境界性の人類学』弘文堂

第6章　子どもを主体としたつながり

加藤悦雄

児童福祉の領域では、一九九〇年代以降に自治体子ども計画による施策づくりが推進され、子育て支援サービスを含む児童福祉事業の整備が大幅に進められた。児童福祉法や子ども・子育て支援法には、利用者支援事業、養育支援訪問事業、地域子育て支援拠点事業等、多様なサービスが規定されている。そうであるにも関わらず、子ども虐待や貧困、いじめや不登校、自他への暴力行為、子ども・若者の自死など、統計的に見ても高止まりや悪化の状況を呈している。どうして、一見すると相反するような事態が生じているのか。児童福祉は支援策を導き出す根拠として、社会問題化を契機とする獲得、福祉ニーズに対するサービス供給、子どもの権利に基づく課題解決など、いくつかのやり方をもっている。そして、今日の多種多様な児童福祉事業の設置は、主として、サービス供給を目的とした福祉ニーズの考え方を根拠に進められてきた。この手法の利点はサービスの速やかな整備・普及を可能にする点であるが、その反面、福祉ニーズ（≒福祉サービス）の事実上の決定者である政策主体（国）や事業者本位の援助に陥りやすい。その結果、地域におけるつながりの衰退と相まって、支援を届かせにくくさせていると考えられる。

森田明美は「社会的な支援をいくらつくっても、それが必要な人にとって価値あるものでなければ意味がないし、その支援につながらなければ効果を発揮することはできない」と述べたうえで、つながるためには、当事者につながる力が育つことと、「つながりたい人や、つながってもいいなと思える人がいること、つながるための機会があること」が必要であるとしている（森田 2018：3）。

本稿ではこうした事態への打開策として、子どもの権利を基盤とする、子どもを主体としたつながりによる支援の考え方とその方法について考えていく。子どもの権利内容と、社会関係を重視する岡村理論の検討を通して、子どもの権利に基づく児童福祉の機能を示したうえで、虐待や貧困問題に取り組む子どもＮＰＯの実践を取り上げ、子どもを主体としたソーシャルワークと地域の居場所づくりの方法を示していく。

1　子どもの権利内容

子どもが人間らしく、子どもらしく、自分らしく生きるために、すべての子どもに対して無条件に保障される子どもの権利内容は、子どもの権利に関する条約（Convention on the Rights of the Child）において、総合的に規定されている。子どもの権利条約は一九八九年に国際連合で採択され、日本は一九九四年に世界で一五八番目に批准した。全五四条によって構成される子どもの権利条約は、差別の禁止（第2条）、子どもの最善の利益（第3条）、生命・生存・発達の権利（第6条）、子どもの意見表明権（第12条）の四つの権利内容を一般原則としている。一般原則とは、条約を運用するときの原理原則となる規定であり、条約の他の規定を実施する際には四つの一般原則の規定に従っておこなうことが求められる。四つの一般原則の規定は以下のとおりである。

（子どもの権利条約における4つの一般原則）

■差別の禁止…第2条1「締約国は、その管轄内にある子ども一人一人に対して、子どもまたは親もしくは法定保護者の人種、皮膚の色、性、言語、宗教、政治的意見その他の意見、国民的、民族的もしくは社会的出身、財産、障害、出生またはその他の地位にかかわらず、いかなる種類の差別もなしに、この条約に掲げる権利を尊重しかつ確保する。」

■子どもの最善の利益…第3条1「子どもにかかわるすべての活動において、その活動が公的もしくは私的な社会福祉機関、裁判所、行政機関または立法機関によってなされたかどうかにかかわらず、子どもの最善の利益が第一次的に考慮される。」

■生命・生存・発達の権利…第6条1「締約国は、すべての子どもが生命への固有の権利を有することを認める。」2「締約国は、子どもの生存および発達を可能なかぎり最大限に確保する。」

■子どもの意見表明権…第12条1「締約国は、自己の見解をまとめる力のある子どもに対して、その子どもに影響を与えるすべての事項について自由に自己の見解を表明する権利を保障する。その際、子どもの見解が、その年齢および成熟に従い、正当に重視される。」

以上の一般原則の規定を中核として、子どもの権利は次のような内容によって構成されている。第7条

「名前・国籍を得る権利、親を知り養育される権利」、第18条「親の第一次養育責任と国の援助」、第20条「家庭環境を奪われた子どもの保護」など【安定した養育基盤の権利】、第26条「社会保障への権利」、第27条「生活水準への権利」など【衣食住など生活基盤を保障される権利】、第28条「教育への権利」、第31条「休息・余暇、遊び、文化的・芸術的生活への参加」など【成長・発達に向けた学び・遊びの機会を保障される権利】、第13条「表現・情報の自由」、第15条「結社・集会の自由」、第17条「適切な情報へのアクセス」など【市民としての積極的自由の権利】、第8条「アイデンティティの保全」、第30条「少数者・先住民の子どもの権利」など【自己の拠所となるアイデンティティを確保される権利】、第19条「親による虐待・放任・搾取からの保護」、第38条「武力紛争における子どもの保護」など【危険な状況から保護される権利】、第23条「障害のある子どもの権利」、第39条「犠牲になった子どもの心身の回復と社会復帰」など【特別なニーズのある子どもに対する特別なケアの権利】などである。

二〇一六年に児童福祉法が改正され、一九四七年の児童福祉法制定以来はじめて、児童福祉の理念に子どもの権利の視点が明記された。抜本的に改正された児童福祉法第1条（児童福祉の理念）、第2条（児童育成の責任）1項、第3条（原理の尊重）の規定は以下のとおりである。

（児童福祉の新しい理念）

第1条（児童福祉の理念）全て児童は、児童の権利に関する条約の精神にのつとり、適切に養育されること、その生活を保障されること、その心身の健やかな成長及び発達並びにその自立が図られることその他の福祉を等しく保障される権利を有する。

第2条〔児童育成の責任〕全て国民は、児童が良好な環境において生まれ、かつ、社会のあらゆる分野において、児童の年齢及び発達の程度に応じて、その意見が尊重され、その最善の利益が優先して考慮され、心身ともに健やかに育成されるよう努めなければならない。
第3条〔原理の尊重〕前2条に規定するところは、児童の福祉を保障するための原理であり、この原理は、すべて児童に関する法令の施行にあたつて、常に尊重されなければならない。

児童福祉の新しい理念には、子どもの権利条約の四つの一般原則の規定が反映されている。すべての子どもに対していかなる差別もなしに、適切な養育や生活を確保し、子どもの心身の成長や発達、自立など、子どもの福祉を保障すること。その際には、子どもの意見の尊重と子どもの最善の利益を優先して考慮されるものとした。このように、これからの児童福祉の政策や援助は、子どもを権利の主体とする子どもの権利条約の趣旨に則って進められることになった。それでは実際に「現実の子どもの問題を子どもの権利の視点で解決」（荒牧 2013：20）するために、子どもの権利に基づく児童福祉はどのように行われていくのか。

2　子どもの権利に基づく児童福祉

（1）岡村重夫による社会福祉固有の視点

社会関係と個人の主体性を重視した岡村重夫の社会福祉理論（『社会福祉原論』一九八三年）を手がかりに、子どもの権利に基づく児童福祉の方法について考えていく。岡村は人びとの社会生活を構成する三つの要素として、a. 個人、b. 社会制度、c. 社会関係を挙げている。個人は生きていくために表1に示したような七つの基本的要求を充足する必要があるが、そのために、それらに対応する多数の社会制度との間に社会関係を取りむすぶことになる。

このうち個人と社会制度をつなぐ社会関係は、相反する二重の構造を成している。ひとつは、ア. 社会制度の側から捉えた客体的・制度的側面であり、今ひとつは、イ. 個人の側から捉えた主体的・個人的側面である。社会関係を前者の社会制度の側から捉えると、多様な社会制度はそれぞれ専門分業的に運営されており、それぞれの社会制度が目的とする機能を実現するために、個人に対する役割期待をバラバラに要求するものとなる。そのため、生活者としての個人が基本的要求を充足させながら主体的に社会生活を営むためには、個人の側である社会関係の主体的・個人的側面に立って、多様な社会制度とのつながりを調整するはたらきを欠かすことができない。岡村重夫はこうした機能を担う固有の社会制度として、社会福祉を位置づけたのである。

すなわち、社会福祉は社会関係の主体的側面である生活者個人の立場にたち、「社会関係の不調和」「社会関係の欠損」「社会制度の欠損」などの生活困難に対して、評価、調整、送致、開発、保護など多面的な支援機能を駆使して社会生活の基本的要求を充足させ、社会福祉の四つの原理（社会性・全体性・主体性・現実性）を実現するための社会制度であると考えた。

しかし、その後、岡村重夫は次のような現実的課題に直面することとなる。すなわち、社会福祉固有の視点を論理的に明らかにしたが、それだけでは現実の社会において社会生活の基本的要求が否定されたり、生活者個人の立場にたった援助が軽視されたとき、それらに抵抗する術がないのではないか。そこで、こうし

表１　岡村重夫による社会福祉固有の視点

社会生活の３つの要素	a. 個人	b. 社会制度
	社会生活の基本的要求の主体者	基本的要求に対応する社会制度
	①経済的安定 ②職業的安定 ③医療の機会 ④家族的安定 ⑤教育の保障 ⑥社会的協同 ⑦文化・娯楽の機会	①産業・経済、社会保障制度 ②職業安定制度、失業保険 ③医療・保健・衛生制度 ④家庭、住宅制度 ⑤学校教育、社会教育 ⑥司法、道徳、地域社会 ⑦文化・娯楽制度
	c.a と b をつなぐ社会関係	
	社会的存在としての個人が社会生活の基本的要求を充足するために、専門的に分化した多様な社会制度との間に取りむすぶ関係のことである。なお, 社会関係は、ア . 客体的･制度的側面と、イ . 主体的・個人的側面という二重の構造を成している。	
社会福祉の固有性	≪論理的合理性≫ 社会福祉は社会関係の主体的側面である個人の立場にたち、社会関係の不調和や欠損、社会制度の欠損に由来する生活困難に対して、評価、調整、送致、開発、保護など多面的な支援機能を駆使して、社会生活の基本的要求を充足させ、４つの原理（社会性・全体性・主体性・現実性）を実現する社会制度である。	
	≪価値的合理性≫ 社会生活の基本的欲求の必然性を基礎づけると同時に、社会生活の主体者である個人の立場にたった援助行動を起動させるため、社会福祉の価値・倫理的な基盤として、歴史性と普遍性を併せ持つ「基本的人権」概念を位置づけている。	

（出典）岡村（1983・1992）をもとに筆者作成

た課題に対応するために、岡村は「社会福祉と基本的人権」（一九九二年）において、次のような考え方を提起する。「論理的合理性だけでは、合理性を貫徹するための行動は起動しない。そのほかに価値合理性ないし倫理的合理性がなければならない。『社会生活の基本的要求』ではなくて、社会的に承認された『基本的人権』概念こそ『人間の尊厳にあたいする処遇』を実現するためのキー概念になるのではないか」（岡村 1992：7）。

　このようにして、社会生活の基本的要求の必然性を基礎づけ、生活の主体者である個人の立場にたった援助行動を起動させるため、社会福祉の価値・倫理的基盤として、歴史性と普遍性を併せ持つ「基本的人権」概念を位置づけたのである。

（2）子どもの権利に基づく児童福祉の内容

岡村重夫は社会福祉の価値・倫理的基盤として基本的人権概念を位置づけたが、先述したように、現在児童福祉の政策や援助は、一九九四年に批准された子どもの権利条約の趣旨に則って行われることになっている。こうした状況の変化と、表1として示した岡村重夫による社会福祉固有の視点を手がかりに、子どもの権利に基づく児童福祉の内容について考えていく。

岡村は社会生活の三つの要素として、a．個人、b．社会制度、c．社会関係を挙げたが、これらは子どもの社会生活の要素としても当てはまる。aの個人は、権利の主体である子どもであり、社会生活における七つの基本的要求に替えて、総合的な子どもの権利内容が当てはまる。bの社会制度は子どもの権利内容を保障するための社会制度や社会環境に該当する。そして、cの社会関係は子どもの権利保障に寄与する各種社会制度とのつながりとして理解できる。以上のような子どもの社会生活の三つの要素の内容を具体的に示しておきたい。

aの個人は、固有の人格と尊厳を持つ子どもである。子どもは権利を享有し行使する主体として位置づけられる。保障される主な権利内容として、意見表明の権利、表現の自由、結社・集会の自由、さらに家族関係、代替的養護、教育、医療、栄養・衣服・住居、遊びと休息、逆境からの救済・保護、特別なニーズに対するケアなどを挙げることができる。

bは、総合的な子どもの権利内容に対応する社会制度や社会環境である。それらの主な中身として、代替的養護を含む家族制度、地域社会、居場所や遊び場、教育制度、医療制度、司法制度、文化・芸術制度、逆境状態にある子どもの救済・保護制度、特別なニーズをもつ子どものケアの仕組み（狭義の福祉制度）など

■子どもの社会生活の要素

a. 権利の主体である子ども
主な内容として、意見表明の権利、表現の自由、結社・集会の自由、さらに家族関係、代替的養護、教育、医療、栄養・衣服・住居、遊びと休息、逆境からの救済・保護、特別なニーズに対するケアなどを挙げることができる。

b. 社会制度を含む環境（システム）
主な内容として、代替的養護を含む家族制度、地域社会、居場所や遊び場、教育制度、医療制度、司法制度、文化・芸術制度、逆境状態にある子どもの救済・保護、特別なニーズをもつ子どものケア（狭義の福祉制度）などを挙げることができる。

c. a と b をつなぐ社会関係（つながり）
子どもが権利を行使し、または権利を保障されるために、b の社会制度を含む社会環境との間にとり結ぶつながりである。つながり（社会関係）は、b の側から捉えた制度的側面と、a の側から捉えた主体的側面という二重の構造となっている。

■子どもの権利に基づく児童福祉の視点

≪論理的合理性≫
子どもの権利に基づく児童福祉は、つながり（社会関係）の主体的側面である子どもの立場にたって、子どもが権利を行使したり権利を保障されるうえで、社会制度や社会環境との間にとり結ぶつながりの困難に対して、“子どもを主体としたつながり”をつくり出す機能を担う社会制度である。
子どもを主体としたつながりの援助を展開していく仕掛けとして、子どもの権利条約における4つの一般原則、すなわち“子どもにとって何が望ましいのか考慮し、子どもの意見を聴き、子どもに対するいかなる差別もなく、子どもの生命・生存・発達の権利を確保する”ことを原理原則とする。
このうち「子どもの最善の利益」の考え方は、固有の人格をもつ一人ひとりの子どもが、表現したい気持ちや考え、どのように生きようとしているのか等について、一人ひとりの子どもの立場にたって考えることを要請しており、子どもを主体とした援助を展開していく鍵となる概念である。
≪価値的合理性≫
子どもの権利内容の保障、および子どもを主体とした援助の必然性は、歴史性と普遍性を併せ持つ「子どもの権利に関する条約」（1989年国連採択、1994年日本批准）によって基礎づけられている。

図1　子どもの権利に基づく児童福祉の内容

が含まれる。
　そして、cの社会関係は、子どもが権利を行使し、または権利を保障されるために、bの社会制度を含む社会環境との間にとり結ぶつながりである。つながり（社会関係）は、bの社会制度の側から捉えた制度的側面と、aの子どもの側から捉えた主体的側面という二重の構造となっている。
　次に、子どもの権利に基づく児童福祉の機能と、それを可能にする仕掛けを示していく。子どもの権利に基づく児童福祉は、つながり（社会関係）の主体的側面である子どもの立場にたって、子どもが権利を行使したり権利を保障されるうえで、社会制度や社会環境との間にとり結ぶつながりの困難に対して、〝子どもを主体としたつながり〟をつくり出す機能を担う社会制度である。

子どもを主体としたつながりの援助を展開していくために、子どもの権利条約における四つの一般原則、すなわち〝子どもにとって何が望ましいのか考慮し、子どもの意見を聴き、子どもに対するいかなる差別もなく、子どもの生命・生存・発達の権利を確保する〟ことを原理原則としている。このうち「子どもの最善の利益」（条約第3条）の考え方は、固有の人格をもつ一人ひとりの子どもが、表現したい気持ちや考え、どのように生きようとしているのか、どこでどのように学びたいのか等について、一人ひとりの子どもの立場にたって考えることを要請しており、子どもを主体とした援助を展開していく鍵となる概念である。

そして、以上のような子どもの権利内容の保障、および子どもを主体とした援助の必然性は、歴史性と普遍性を併せ持つ「子どもの権利に関する条約」（一九八九年国連採択、一九九四年日本批准）によって基礎づけられている。

表1に示した岡村重夫による社会福祉固有の視点に依拠して、上述した子どもの権利に基づく児童福祉の内容を表したものが図1である。

3　子どもをつながりの主体として捉えるために

「子どもの最善の利益」を第一次的に考慮することを軸として、子どもを主体としたつながりに向けた援助を行ううえで、つながりの主体として子どもを捉えることが必要となってくる。そこで、子どもが社会制度や人を含む社会環境とつながり合って生きている状況を、当事者である子ども本人の立場に立って捉える視点について考えていく。

子どもたちは産まれてくるとき、誰一人として例外なく、どのような身体的特徴を抱き、どのような場に身を置き生きていくことになるか、選び出すことはできない。例えば、胎児性水俣病により障がいや病気を抱いて生まれてきた子どもがいる。さらに国家から排除された難民として、または戦禍の絶えない地域に産まれてくる子どもがいる。言わば子どもたちの人生のはじまりは、圧倒的な偶然性に晒されている。その一方で、子どもはどのような状況に身を置くことになるにしても、子どもがその本来の力を働かせて自分らしく生きていくためには、子どもを主体とした他者とのつながりを不可欠の要件としている。だからこそ乳幼児や学童、さらに思春期や青年期の子どもに至るまで、子どもはさまざまな方法を用いて他者とつながろうとする。

その時に子どもが経験している現実は、一枚岩ではなく、地層のように重層的な形をしている。子どもが経験している現実を、空間的側面と時間的側面に分けて説明していく（表2）。まず、子どもの生きる空間的側面として、子どもは特定の場にその身を置き、他者とのつながりの中で生きている【第1層】。そのうえで、子ども自身何らかの行動や活動をしながら生きている【第2層】。その際に、子どもは当然さまざまなことを心のうちに感じたり、考えて生きている【第3層】。次に、子どもの生きる時間的側面として、以上のような経験を時間的に積み重ね、それらが意味づけられていくことを通して、その子ども自身の人生の物語（ライフストーリー）が形作られていく。

表2　子どもを主体とした経験を捉える視点

	空間的側面		時間的側面
第３層	子どもの心の動き	子どもはどのように感じたり、考えて生きているのか	その子ども自身の生活経験を他者とともに意味づけることで構成される人生の物語（ライフストーリー）
第２層	子どもの行動・活動	子どもはどのような行動や活動をして生きているのか	
第１層	子どもの生きる場	子どもはどのようなつながりの中にその身を置いて生きているのか	

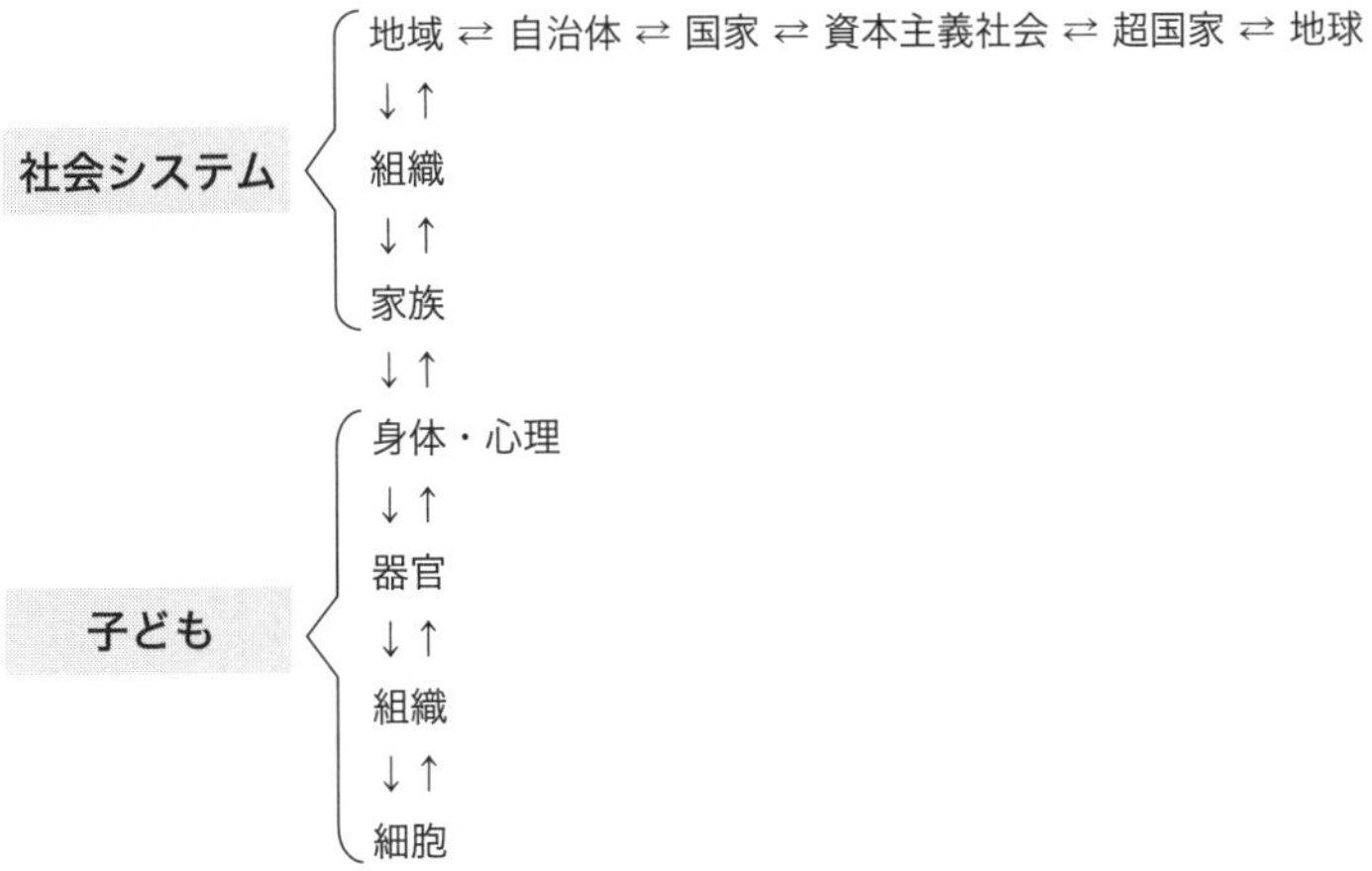

図２つながり（社会システム）の中で生きる子ども
（出典）福山 2010：19 を一部改変

このうち第1層として示した子どもの生きる場とは、図2に示すような環境との相互作用を伴うつながりの真っ只中に位置していると考えられる。

このように、子どもは一枚岩ではない状況の中へ身を投じ、環境との相互作用を伴うつながりの中で色々な体験を重ね、その心の内に様々な感情（喜び・悲しみ・驚き・怒り・恥ずかしさ・あきらめ……）を抱き、思考を巡らせ、それらを身体化・行動化しながら、発達上の変化を伴う子ども期を歩んでいく。その結果、子ども一人ひとり異なる固有の物語が紡ぎ出されていく。それこそ一人ひとりの子どもが経験している現実

(reality) である。

しかし、子どもが経験している現実は、当然のことながら、幸福なものであるとは限らないのである。ここでは子どもが多くの時間を過ごす場(空間)である学校で生じている課題を取り上げ、子どもをつながりの主体として捉えるとはどういうことなのか、考えていく。

現在、学校においていじめや不登校の問題が深刻化している。二〇一三年に制定された「いじめ防止対策推進法」の第2条において、いじめの定義について「児童等に対して、当該児童等が在籍する学校に在籍している等当該児童等と一定の人間関係にある他の児童等が行う心理的又は物理的な影響を与える行為(インターネットを通じて行われるものを含む)であって、当該行為の対象となった児童等が心身の苦痛を感じているもの」と規定されている。

二〇一八年度のいじめの認知件数は、小学校四二万五八四四件(前年度三一万七一二一件)、中学校九万七七〇四件(前年度八万四二二四件)、高等学校一万七七〇九件(前年度一万四七八九件)、特別支援学校二六七六件(前年度二〇四四件)、全体では過去最多の五四万三九三三件(前年度四一万四三七八件)となっている(文部科学省 2019:25)。また、小学校・中学校の不登校児童生徒数は、児童数が減少し続けているにも関わらず、いずれも二〇一二年度から六年連続して増加している(表3)。

少子化が進行しているにも関わらず、いじめの認知件数や不登校の児童生徒数が増加しているという現象は、子どもの教育を受ける権利(条約第28条)を保障するために、その有力な社会制度である学校を主とする教育制度とのつながり(社会関係)において、岡村の用語でいう「社会関係の不調和」「社会関係の欠損」「社会制度の欠損」が生じていると理解することができる。続いて、一人の子どもの経験に焦点を当ててい

表３　小学校・中学校の不登校の状況

区　分	小学校			中学校		
	全児童数（人）	不登校児童数（人）	割合（％）	全児童数（人）	不登校児童数（人）	割合（％）
2014 年度	6,600,006	25,864	0.39	3,520,730	97,033	2.76
2016 年度	6,491,834	30,448	0.47	3,426,962	103,235	3.01
2018 年度	6,451,187	44,841	0.70	3,279,186	119,687	3.65

（出典）文部科学省 2019：70

く。

ランドセル俳人として知られる小林凜は、小・中学校時代に受けたいじめを次のように述懐している。「この日本には、いじめられている人がたくさんいる。僕もその一人だ。いじめは一年生から始まった。からかわれ、殴られ。蹴られ…（中略）。それが小五まで続いた。僕は生まれる時、小さく生まれた。『ふつうの赤ちゃんの半分もなかったんだよ、一キロもなかったんだよ』、とお母さんは思い出すように言う。だからなのか、いじめっ子の絶好の標的になった」（小林 2013：6）。

身体の弱かった小林凜は生命の危険を感じ、意を決して教師に助けを求めたが、教師の対応は意外なものであった。繰り返されるいじめを止めるのではなく、逆にクラスへの適応を強いる大人たちの態度に直面し、深い失望と無力感に囚われていく。小林凜の母親によると、最初に不登校を決断した二年生の秋にふと呟いた「小学校って残酷なところやなあ」という言葉を今でも忘れられないと言う（小林 2013：16）。

以上の事例を通して、子どもがとり結ぶつながりに関して、二つの課題を指摘することができる。ひとつは、子どもと社会制度である学校とのつながりについて、社会関係の制度的側面である学校側の事情に固執した結果、子どもの権利侵害を深刻化させた点である。いまひとつは、子どもが他者ととり結ぶつながりは、その性質によっては危険を伴うものであるという点である。小林凛が学校という場で経験したつながりは、次のようなものであった。①からかわれ、殴られ、蹴られるなどの暴力を受け、同時に他者との自由な交流が閉ざされることで、孤立や排除を強いられた関係性、および、②あらかじめ定められた規則や規範、全体的な慣習や風潮などに対する過度の適応を強いられた関係性である。

小林凛は危険を避けるために「自主休学」（不登校）を選択した。束の間の心の安らぎを得た彼は、毎朝祖母に連れられ、愛犬を伴って公園や野原を散歩するようになる。野山に生息するさまざまな動植物に心惹かれるようになり、次のような俳句が生み出されてきた。

春の虫踏むなせっかく生きてきた（八歳）
冬蜘蛛が糸にからまる受難かな（八歳）
紅葉で神が染めたる天地かな（九歳）
羽化したるアゲハを庭に放ちけり（一〇歳）
蜆蝶我の心の中で舞え（一一歳）
だんじりやはっぴの友が我を呼ぶ（一一歳）

そして、何時の頃からか、次のように思い始める。「僕は、学校に行きたいけど行けない状況の中で、（中略）僕を支えてくれたのは、俳句だった。（中略）今、僕は、俳句があるから、いじめと闘えている」（小林 2013：7）。どうして俳句を創作することによって、いじめと闘うことができると考えたのか。

小林凛は俳句という表現手段を通して、動植物の生きている豊かな世界や変わることなく自分を気遣ってくれたはっぴの友の存在など、自分自身の周囲に在るもうひとつのつながりに気づかされた。さらにいじめに傷つき一人悩みを抱え込みながら生きていた過去の自分自身との対面を果たすことになった。言わば今を生きる自分自身を主体として、過去の自分自身を含む多様な他者とのつながり（布置）を編み直し、新しい人生の物語を作り出してきたからではないか。今私たちに問われていることは、このような子どもたちの経験している現実に寄り添い、子どもを主体としたつながりに向けて動き出すことである。

4　子どもを主体としたソーシャルワーク――子どもの権利による課題解決の実際

子どもの権利の視点を単なるスローガンや理念としてではなく、子どもを取り巻く課題解決、すなわち子どもを主体としたつながりの創出に向け、どのように生かすことができるのか。子ども条例の制定による子どもにやさしいまちづくりの展開、公的第三者機関（子どもオンブズパーソン）による子ども参加の救済活動など、さまざまな方法が考えられるが、ここでは子どもＮＰＯによるソーシャルワークの展開過程を取り上げ、この課題について考えていく。

二〇〇四年九月に栃木県小山市で、ひとつの虐待死事件が発生した。四歳と三歳の幼いきょうだい二人が、その父親の知人によって橋の上から川へ投げ落とされ死亡したのである。この事件においても児童相談所の対応が問題視された。事件に至る直前の二〇〇四年七月に虐待通告を受け児童相談所に一時保護されていたこと。祖父母の引き取りの後、二人の兄弟が加害者宅に戻った事実を認識しながら家庭訪問をしなかったからである。

この事件をきっかけに、二〇〇五年に市民を主体とした二つの活動が立ち上がった。ひとつは、地元小山市の市民団体「カンガルーOYAMA」が子ども虐待防止の啓発活動としてオレンジリボン運動を開始した。いまひとつは、栃木県日光市に認定NPO法人「だいじょうぶ」が設立され、生活困難を抱えた親子の支援を開始したことである。私たちはこの二つの活動から、次のような共通の構造を見出すことができる。すなわち、たいへん身近な場所にいたにも関わらず、かけがえのない二人のきょうだいの生命を救済することができなかったことに深く傷ついた人びとが、悲劇に至ってしまった過去の現実とは異なるもうひとつの現実（可能性）を作り出すために、活動を開始したということである。

以下では、認定NPO法人「だいじょうぶ」の新たな活動として、支援の必要な子どもと親の居場所事業「Your Place ひだまり」開設のきっかけとなった取り組み（下野新聞子どもの希望取材班 2015：98-110、畠山 2019）をとおして、子どもを主体としたソーシャルワークについて考える。

「だいじょうぶ」理事長の畠山由美は団体設立に至ったきっかけについて、次のように述べている。今市市（現日光市）人権福祉課課長の呼びかけに有志が集まり、勉強会を開くようになった。その結果、行政の家庭相談員だけでは養育困難家庭を支援していくことに限界があること、親が養育困難に陥った時に子どもを夜間など一時保護する場所が市内にないことが課題として認識された。そこで、①一日二四時間三六五日、いつでも子どもや親の相談を受けることのできる相談窓口の設置、②子どもを夜間預かることのできるショートステイ機能を持つ施設の設置が決定し、二〇〇五年春に設立総会が開かれた。団体名には、虐待などで心に傷を受けた子どもたちに「もうだいじょうぶ」と伝えたいという思いが込められている。畠山は夫と二人で養育里親の研修を受け、二〇〇六年一月に官民協働の家庭児童相談室を開所した。

二〇一〇年春に畠山はスタッフとあるアパートを訪ねる。母親と三人のきょうだいで暮らす母子家庭であるが、生活保護費を支給された途端に、滞納した家賃を支払ったり、家族の洋服を買い込むなどして、すぐに底をついてしまう。母親は家にいるが、十分な家事ができない状態である。しかし、居留守を使っている様子で会うことはできず、電話をかけても出てもらえなかった。どうして接触を避けるようになったのか。畠山は母親のこれまでの境遇に思いを馳せる。子どもたちが学校を休みがちになると、先生から登校させるよう求められる。提出物の忘れ物が多くなると、用意するように注意される。片づけられないごみを外に置けば、大家さんから咎められる。光熱費の支払いが滞れば、催促される。母親自身も子どものころから生活保護を受けて暮らす家庭で育った。「ずっと責められるような気持ちで生きてきたため、関わりを避けるようになったのではないか」。母親がＳＯＳを出すことを阻んでいたのは、周囲の人びとの対応だったのではないか。

こうした状況に身を置く子どもたちは、どのように生きてきたのだろうか。末っ子の女児は一年生になり、小学校に入学したが、トイレの使い方を知らず、おむつを外せない状態であった。水道料金の支払いが滞り水が出ないため、きょうだいはのどが渇いたときは公園の水道でのどを潤し、公園のトイレで用を足していた。家の中に入るときも靴を脱がなかった。玄関の扉を開けると、脱ぎ捨てられた衣類が山積みになっている。生活保護費を手にしてもすぐに使ってしまうため、日々の食べ物にも事欠いていた。そのため「学校なんてどうでもいい」と思いつつ、給食の時間になる前には登校した。学校の休みの日がとくに辛い。子どもたちは空腹に耐えかね、近所の店の食料や菓子を黙って食べたり、牛乳を飲んだこともあった。

どうして母親はＳＯＳを出すことよりも、関わりを避けて生きるようになったのか。どうして二人のきょうだいは、近所の店の食料や菓子を黙って食べることをせざるを得なかったのか。畠山由美は問題を目の前にいる親や子どもなど人に帰属させるのではなく、そのように生きて来ざるを得なかったその人を取り巻くこれまでのつながりの中から捉えようとする。

ソーシャルワーカーとしての畠山は、「どのようにすれば、つながれるのだろう」と考えを巡らせていた。母親は何とか食べ物などは受け取るようになったが、第三者が家の中に入ることは頑なに避け続けた。しかし、荒れた暮らしを立て直すには、一緒に買い物に行き、料理をし、掃除もするなど、習慣を変えることがどうしても必要だと感じていた。今、この子どもたちにとって、どのような支援が必要とされているのか。この子どもたちにとって最善の利益とは何か考え続けた。

その結果、畠山は「家に入れないのなら、来てもらうしかない」と考えた。二〇一〇年夏に市内の民家を活用し、子どもや子育てに悩む親の居場所「Your Place ひだまり」を開所した。クリスマスパーティーや門松づくりなど、きょうだいが喜びそうなイベントを工夫したが、来ることはなかった。この子どもたちが今もっとも求めていることとして、食べ物に関する活動に思い至り、二〇一一年春にたこ焼きパーティーを開くと、雨が降りしきる中、二人のきょうだいが肩を寄せ合い、初めて姿を見せた。鉄板の上のアツアツのたこ焼きを嬉しそうにつつき、次々と頬張った。「今度はいつやるの？」「また来てもいい？」。

その後、スタッフが妹を家に迎えに行くところから、本格的な支援が始まった。小学二年生になってもおむつが外れなかったため、朝「ひだまり」に連れていき、お尻をきれいにして、朝食後学校へ送った。夕方になると、学校から「ひだまり」に連れて帰る。兄も自ら学校から「ひだまり」に帰宅するようになる。ふたりはシャワーを浴び、宿題をする。着ていた服は洗濯、乾燥した。スタッフと一緒におなかいっぱい夕食を食べ、家に帰った。こうした支援は半年に及んだ。

あるとき、妹がトイレから「見て、見て」とスタッフに誇らしげに声をかけた。とうとうおむつが取れた。中学校に遅刻しがちだった兄にも変化が生じる。畠山の支援が入る前は、兄は毎朝登校班になじめない妹を小学校まで送り、その後中学校へ登校していたが、その負担が減り、自分の生活リズムを持てるようになった。夜に出歩いたりする行動も消えた。かたくなに支援を避けていた母親もまた少しずつ変わり始めた。二〇一一年夏、畠山とスタッフがアパートの外に山積されたごみを片付けていると、突然玄関の扉が開き、室内からごみ袋が差し出されたのである。「これもお願いします」。いくら支援を申し出ても、頑として家の中を見せなかった母親。畠山が「一緒にやりますよ」と声をかける。部屋に入れてくれた。見えない「壁」がその時取り払われた。

畠山由美も活動するうえで多くの示唆を得たという大阪西成区釜ヶ崎で活動する特定非営利活動法人「こどもの里」代表の荘保共子は、次のように述べている。

「ヤヌシュ・コルチャックの名言のように、『子どもはだんだんと人間になるのではなく、すでに人間である』のだ。子どもは、感じる力・人と繋がろうとする力・自己治癒力・問題解決力・跳ねのける力（レジリエンシー）など、たくさんの力を内在させている。（中略）まず目の前の『一人の子ども』をみよう。その一人の子どもの困難をなくすことに尽くし、知恵を出し、連携して制度を創り出そう。一人の子どもの困難に応えてゆくことが、すべての子どもにつながる。どの環境で生まれた子どもも『生まれてきて良かった』

と人間らしく生きていくために、子どもの権利保障の視座をまず共有し、子どもの権利が保障される社会を目指そう」（荘保 2016：517）。

5　子ども食堂の機能――子どもを主体とした居場所に向けて

（1）社会現象としての子ども食堂の増大

子ども食堂という名称を用いた活動が二〇一八年四月には全国に二二八六か所（毎日新聞 2018）、二〇一九年には三七〇〇か所以上（日本経済新聞 2020）開かれているという調査結果が報告された。子ども食堂拡大の背景にある基本的事実として、二〇〇九年一〇月（民主党政権時代）に政府が子どもの相対的貧困率のデータを公式発表し、六人に一人の子どもが貧困であるということが認識された点を挙げることができる。それでは子どもの貧困問題に対するひとつの応答の形として、どうして子ども食堂だったのか。子ども食堂の大部分は、地域住民を主体とした活動である。共感を得やすいテーマ、活動条件の整えやすさ、さらに新しい価値の創造など複数の要因が考えられる。

子ども食堂の名付け親である「だんだんこども食堂」の近藤博子は活動を始めたきっかけとして、近所の小学校の副校長先生から、母親がうつ病を患っていたり、シングルマザーで仕事に追われるなどして、給食以外の朝晩をバナナ一本で過ごす子どもがいることを聞いた点であると述べている（NPO法人豊島子どもWAKUWAKUネットワーク 2016: 166）。このように子どもの相対的貧困率が発表された後、地域の人びとは子どもの貧困を意識化することで、自分たちの身近な場所に貧困に苦しむ子どもが存在する事実に気づかされていく。

そして、貧困であることからイメージされる最も切実な問題として、多くの人は食の問題に思い至ると考えられる。私たちの中で一時的にせよひもじい思いをした経験のない者はめったにいない。多くの人はお腹を空かせることが辛いということを、身をもって経験している。そうであるからこそ、貧困によって本来食べ盛りの子どもが継続的にお腹を空かせているかもしれないという問題に、人びとの心は揺り動かされたのである。

そして、お腹を空かせている子どもに食事を提供するという活動は、比較的取り組みやすい活動である。最低限、調理をする場所、食材、調理をする人がいれば提供できる。このように活動条件を整えやすく、問題意識を形にしやすいという点が、子ども食堂が拡大したひとつの要因ではないか。さらに、問題意識を抱いた人びとが行動へ踏み切ることを力強く後押しした活動があった点を明記しなければならない。二〇一五年四月に「こども食堂ネットワーク」が結成され、「こども食堂の作り方講座」「こども食堂サミット」の定期的開催など、子ども食堂の啓発イベントを軸にソーシャルアクションを展開したのである（栗林 2018：64）。

このように子ども食堂の広がりは社会政策の産物としてではなく、ひとつの社会現象として理解することが適切である。子どもの六人に一人が貧困である、さらにひとり親家庭の子どもの半数が貧困であるという深刻な課題に、地域住民が自主的に食材などを工面し、月に一～二回子どもに食事を提供することで、根本的な解決を図ることはできないであろう。しかし、活動をとおして子どもたちと出会うことで初めて見えてくることも多い。例えば、経済的原理の優先によって、地域におけるつながりは益々失われつつあり、私たちは同じ地域の多様な人と出会うことが減少している。事実少し前まで、身近な子どもの貧困に気づかすに生きてきた。

深刻化する子どもの貧困問題に対して、子ども食堂はどのよう向き合うことができるのか。政府が初めて発表した二〇〇九年の子どもの相対的貧困率（以下、貧困率と略す）は一五・七％であったが、二〇一二年には一六・三％に悪化している点が判明した。さらに、母子または父子のひとり親家庭に限ると、母子家庭の母親の就業率は八割を超えているが、二〇〇九年の貧困率は五〇・八％、二〇一二年の貧困率は五四・六％に悪化した。また、年齢別で見ると親の年齢が二〇代前半の子どもの貧困率が高い。国際的な基準である相対的貧困率とは、子どもや家族が身を置く社会の一般的な生活水準（あるいは生活の必要）を著しく欠落させた状態のことであり、所得分布の中央値の五〇％未満で生活する人の割合である。

こうした事態を惹起させてきた象徴的な出来事として、二〇〇〇年代に日本はＯＥＣＤ諸国の中で唯一、政府の介入によってむしろ子どもの貧困を悪化させている国であることが判明した。政府が介入する前は一二・八％であった子どもの貧困率を、税制と給付などを通して政府が介入した結果、一三・七％に押し上げていた（子どもの貧困白書編集委員会 2009: 26）。このように、政府が所得再分配・貧困削減機能を全く果たせていない事態を前に、当時阿部彩は「子どもの貧困率の逆転現象」として提起した（阿部 2008：95）。

日本では家族関係社会支出や教育に対する社会支出など、子どもに対する公的支出が極端に低い状態にある。内閣府によると日本の家族関係社会支出の対ＧＤＰ比は、わずか一・三一％（二〇一五年度）であり、三・七九％のイギリス、三・六四％のスウェーデン、二・九二％のフランス（日本以外は二〇一一年度）などと比較して低い水準となっている。なお、家族関係社会支出とは家族を支援するために支出される現金給付や現物給付であり、児童手当、特別児童扶養手当、児童扶養手当、子ども・子育て支援事業費、保育所等運営費、出産費、育児休業給付、生活保護における出産扶助・教育扶助、就学援助等によって構成されている。

こうした事態を前にして政府は二〇一三年六月に「子どもの貧困対策の推進に関する法律」を制定し、二〇一四年八月には「子供の貧困対策に関する大綱～全ての子供たちが夢と希望を持って成長していける社会の実現を目指して～」を閣議決定した。しかし、大綱に示された重点施策を確認すると、「税制や児童手当等の改善によって、いかに所得の再分配の強化を図るのか、という点は子どもの貧困対策の範疇から外されて」おり（湯澤 2016：499）、貧困家庭の経済的基盤を改善する実効性は疑問視される。

日本国憲法第25条には人びとの健康で文化的な生活を保障する国の義務が規定されている。さらに子どもの権利条約第6条には、すべての子どもの生命・生存・発達を確保する締約国の義務が規定されている。このように子どもの生活（生命・暮らし・人生）や発達を脅かす子どもの貧困問題を解決する責務は、明確に政府に所在する。それでは子どもの貧困問題を子ども食堂など民間に補完させたいという思惑を抱えた政府に対して、私たちはどう向き合うとよいのか。

二〇〇七年一月に国連総会子どもの権利に関する決議において採択された子どもの貧困の定義を手がかりとして、子どもの貧困解消に向けた国家の義務と子ども食堂の機能を切り分けて考える視点を提起したい。まず、国連総会で採択された子どもの貧困の定義を確認する。

《国連総会（2007）において採択された子どもの貧困の定義を報じるユニセフの記事》

国連総会は、子どもの権利に関する今年の決議のなかで、「貧しい生活を送っている子どもたちは、栄養、飲料水と衛生設備、基本的な保健サービスの利用、住居、教育、参加、保護などを奪われている。

モノやサービスが極端に不足するとき、だれもが悪影響を受けるものだが、そのことでもっとも大きな脅威を受けて傷つくのは子どもたちである。子どもたちは権利を享受できず、潜在能力を十分に発揮することも社会の一員として参加することもできないまま取り残される」と述べた。

国連総会は、子どもたちが経験する貧困の特殊さにかんがみ、〝子どもの貧困〟とは単にお金がないというだけでなく、国連子どもの権利条約に明記されているすべての権利の否定と考えられる、との認識を示した。この新しい定義によれば、〝子どもの貧困〟の測定は、一般的な貧困のアセスメント（しばしば所得水準が中心となる）といっしょにすることはできない。なぜなら栄養、飲料水、衛生設備、住居、教育、情報などの基本的な社会サービスを利用できるかどうかも考慮に入れる必要があるからだ。

ユニセフはこの決議を歓迎した。貧困を所得だけで分析すると、貧困によって被害を受けた子どもたちの経験を十分に理解することができないというのが、長年ユニセフがとってきた立場であった。（中略）貧困が〝所得の貧困〟だけで説明できないと理解されれば、子どもたちが貧困によってどのような経験をしているか広くとらえ、それに対処することが必要になる（ユニセフ 2007）。

国連総会において採択された子どもの貧困とは、お金がないという所得の問題であると同時に、栄養、飲料水、衛生設備、保健、住居、教育、情報、参加、保護など具体的なモノやサービスの不足、さらに社会的に疎外されたり差別されることにより、子ども自身大きな脅威を受けて傷つき、社会の一員として参加することも潜在能力を十分に発揮することもできないまま取り残されること、つまり子どもの権利条約に規定されているすべての権利の否定である。さらに、子どもの経験に着目するユニセフの解釈により、金銭・サービス・参加など子どもの生活条件の欠如ということが、子ども期に必要とされる多様な生活経験を奪っていること（経験の貧困）も含まれ、言わば権利の主体である子ども本人の生活経験をとおして子どもの貧困を捉える視点を提示している。

（2）子どもの貧困問題に対する国の責務と子ども食堂の役割

国連による子どもの貧困の定義を用いることで、「子どもの貧困」に内在する複合的な生活困難と権利侵害の様相を示すことが可能となる。表4に示したように、子どもの貧困には子育てを営む家庭（保護者）の経済的困窮と、そこから派生してくる子どもの生活困難（生き難さ／生き辛さ）が含まれている。こうした分析により、子どもの貧困問題に働きかけるルートには、保護者に対する経済的支援・子育て支援と合わせ、子どもを直接的に支援する言わば子ども支援の二つのルートを確認できる。これらを子どもの権利内容によって捉え返すと、子どもの貧困問題と生活困難は、本来すべての子どもに無条件に保障される権利を損なっていることを意味する。

子どもの貧困問題とは、保護者（さらに女性や若者）の経済的困窮の問題であり、そこから派生する子どもの複合的な生活困難・権利侵害という二重の構造を成している。表4は、こうした子どもの貧困問題の複合性・多層性を子どもの権利内容に即して整理したものである。このうち子育て家庭、すなわち保護者の経済的困窮は、子どもの権利条約における「保護者が第一次的養育責任を果たすための国の援助」（第18条）や「子どもの生活水準を確保するための社会保障」（第26条）の不十分さによって惹起されている。したがって、保護者（さらに女性や若者）の経済的困窮問題を根本的に解決する責務は国家にあり、本来政府は財政

表4　子どもの貧困問題にどう向き合うか—子どもの権利の視点から

<table>
<tr><th>保護者の貧困</th><th colspan="2">保護者の貧困から派生する子どもの生活困難と権利侵害の諸相</th></tr>
<tr><td>経済的困窮と生活困難に直面する子育て家庭(保護者)</td><td>・子どもの生命、生存、発達の確保に対する脅威(第6条：生命への権利，生存・発達の確保)</td><td rowspan="9">⇦ ②地域住民・行政・民間など多様な主体による子ども支援の位相(子ども食堂の機能を含む)</td></tr>
<tr><td rowspan="5">「保護者が第一次的養育責任を果たすための国の援助」(第18条)、「子どもの生活水準を確保するための社会保障」(第26条)の不十分さ</td><td>・子どもの身体的、心理的、精神的、道徳的および社会的発達に十分な生活水準の欠如(第27条：生活水準への権利)</td></tr>
<tr><td>・遊びや余暇、休息、文化・芸術的活動等に参加する機会の剥奪(第31条：休息・余暇、遊び、文化的生活への参加)</td></tr>
<tr><td>・自分の気持ちや考えを他者に聴いてもらう機会、自由に表明・表現する機会の減少(第12条：意見表明権)</td></tr>
<tr><td>・保健医療サービスへのアクセスの制限、栄養や清潔の確保、事故の予防への配慮の減少(第24条：健康・医療への権利)</td></tr>
<tr><td>・学習資源の制限と学習意欲の低下、高等教育を受ける機会の縮小、重い奨学金返済(第28条：教育への権利)</td></tr>
<tr><td rowspan="3">⇧ ①国家の責務：財政措置に基づく子どもの貧困対策の位相</td><td>・虐待やネグレクトの危険の増大(第19条：親による虐待・放任・搾取からの保護、第34条：性的搾取・虐待からの保護)</td></tr>
<tr><td>・子どもの発達や参加の前提となる適切な情報にアクセスする機会の制限(第17条：適切な情報へのアクセス)</td></tr>
<tr><td>・高等教育進学率の低さなど社会的養護を利用する子どもの不利益(第20条：家庭環境を奪われた子どもの保護)</td></tr>
</table>

的措置をとおして子どもの貧困問題解決に傾注すべきである。

他方で、子どもの貧困問題は、表4における「保護者の貧困から派生する子どもの生活困難と権利侵害の諸相」に示したように、子どもの社会的な育ち、栄養があり豊かな食事、遊び・余暇や文化的活動、学習資源へのアクセスなど、言わば現在を生きる子どもの生活内容、さらに関係や経験を乏しくさせていく危険性を伴っている。この点にこそ、子ども食堂などを通して市民社会が子どもの育ちの支援に直接関与する意義が認められるのである。

（3）子ども食堂の機能――〝食〟のもつ働き

子どもの生活の豊かさを支える子ども食堂の機能とは何か。今日のように子ども食堂が注目される以前から、生き辛さ・生き難さを抱えた子どもを支える手段として、〝食〟のもつ働きを有効に用いてきた団体が存在する。主として不登校の子ども支援に取り組む特定非営利活動法人「フリースペースたまりば」と、主として非行少年の支援に取り組む特定非営利活動法人「食べて語ろう会」の活動を通して、これからの子ども食堂の可能性について考えていく。二つの活動には共通点が認められる。

特定非営利活動法人「フリースペースたまりば」代表の西野博之は、一時フリースクール東京シューレの職員をしており、そこで出会った子どもの居場所を確保するために活動を開始した。特定非営利活動法人「食べて語ろう会」代表の中本忠子は保護司の活動をしており、担当少年を支援するために食事づくりを開始する。いずれも困難を抱えた子どもとの具体的な出会い・関わりを契機として、固有名をもつ一人ひとりの子どもの求めに応じることをとおして、活動内容をつくり出してきた。

中本は子どものために食事作りを始める転機となった出来事を次のように述べている。

「保護司とは、犯罪や非行を起こした人の更生を見守るボランティア活動です。保護観察となった人に月に四、五回の面接を行って、再犯をしないように指導するのです。」「保護司になって二年後のこと、私は、中学二年生のシンナー少年を受け持ちました。」「なんでこんなにこの子はシンナーを吸うのだろう。シンナーを吸っていたら、また警察に見つかって逮捕になる。そのことばかり気になり、どうしよう、どうしようと思っていたときに、何気なく、『どうしてシンナーやめれんの』と聞いたんです。すると、彼が言ったんです。『しょうがないんじゃぁ、腹が減っとるんじゃけん』と。『腹が減ってるときにシンナー吸ったら、腹が満タンになるん？』と聞くと、『腹がすいたの忘れることができる』と言うんです。父親がアルコール中毒で自分はしばらく何も食べていない。それで空腹を紛らわすためにシンナーを吸っているのだと」（中本 2017：16-17）。

「『ほんじゃ、うちでご飯食べる？飯ぐらい食わすど』と言うと、『ええーっ』っと言って。その日に作った焼き飯は食べなかったけれど、翌日作ったチキンライスは二杯、おかわりして食べました。それからその子はうちでご飯を食べるようになったんです。その子に話を聞くと、シンナーを吸っているときにご飯を食べようと思っても『全部吐くんじゃ』と言うんです」（中本 2017：18-19）。

中本忠子は複数の子どもが「睡魔と空腹だけは、絶対に辛抱はできんの」と話していたことを紹介し（中本・食べて語ろう会 2017：115）、西野博之は「問題行動を起こしている子どもたちは、本当にお腹を空かせていることが多いです」（西野他 2018：100）と述べている。中本は子どもが台所や茶の間で待っている間、食材を刻み、いりこでだしを取り、焼いたり、煮たり、揚げるなどして、手早く丁寧に食事を作り子どもに提供する。一人ぼっちの孤独や排除を少なからず経験してきた子どもにとって、お腹を満たすことと同時に、自分のために食事を作ってくれる人の存在、ご飯ができあがっていく時間や空間に身を置くことの心地よさを味わうことにも意義があると考えられる。

特定非営利活動法人「たまりば」では、ご飯を作って皆で食べるという営みの中に、子どもが生活の主体となっていく仕掛け（個人を大切にする相互の関わり）を組み込み、支援を展開していると考えられる。西野博之は次のように述べている。

「僕たちが目指してきたのは、暮らしを取り戻す、暮らしの主体を取り戻すということです。行政の不登校支援で、なぜ不登校が減らないのか、そもそも支援のあり方がどこかまちがっているのではないかと言いましたが、僕たちのご飯をつくって食べるというシンプルな取り組みで、子どもたちは元気になっているわけです。学校に行きたい子はまた学校に行ったり、高校や大学に行ったり、働いている人もいる。すべてそれがゴールでも何でもないですけど、学校に行こうが就職しようが、その前に、自分で自分自身を受けいれていくというか、『こんな俺でも，私でも大丈夫と思える私になっていく』」（西野他 2018：146）。

「子どもが遊びの主体と暮らしの主体を取り戻していく、自分たちで火起こしして調理をする、毎日のご飯をいっしょにつくる、野菜を育てる、野菜を洗い、カットし、調理の仕方を覚える。その暮らしをていねいにやっていくところに力を入れていると、子どもが生きていくうえで、いろんな自信を身につけることがわかってくるんですね。毎日、食卓を四〇人くらいで囲みながら、『つくってくれた人、ありがとう』という声が飛び交う。ひとりじゃないという安心と、人から感謝される経験の積み重ねが、自己肯定感を育んでいく。いまの不登校支援には、そのあたりがすっぽり抜け落ちているような気がするんです」（西野他 2018：147）。

さて、食育を推進する立場にある農林水産省は子ども食堂の意義として、「（a）子供にとっての貴重な共食の機会の確保、（b）地域コミュニティの中での子供の居場所の提供等」を挙げているが、どのようにしたら子ども食堂を子どもの居場所にすることができるのか。子どもに居場所を提供するとか、子どもの居場所を作ることには、ある種の矛盾を伴っている。なぜなら居場所とは本来、他者によって提供されるものではなく、子ども自身が〝ここがわたしの居場所〟と自ら選び出し、実感することで成立するからである。それでは子どもがここはわたしの居場所と実感していることをどのような指標によって判断できるのか。それは子どもが他者との関わりの中で、自分の気持ちや意見を自然に表現できるということではないか。

子どもが初めて子ども食堂を訪れる時、その場にいる人は自分を迎え入れてくれるのか、指導されたりすることはないかなど、不安な気持ちを抱いていると考えられる。中本はそうした子どもの気持ちを察して、次のように述べている。「うちはね、子どもに、いっさい、聞かないの。」「『よう来たの』と言って受け入れるだけです。」「うちに来てもらったら、とにかく心をゆったり、寛いで、食事をたくさん食べて……最初はそれだけでいいんです」（中本 2017 : 52）。それと同時に中本はやってきた子どもに「関心」を持つことの大切さを強調する。「子どもは自分のことを否定されるのも嫌いだけど、無視されるのが一番つらいんです」（中本 2017 : 64）。こうした工夫によって、その場が少しずつその子どもの居場所になっていく。

西野博之は子どもの居場所を端的に「生きているだけで祝福される場所」であると表現している。その根源的な方法として「君が生まれてきたこと、今生きているだけで尊いこと、すごいことなんだということを伝えていく」（西野 2018 : 148）と述べている。

（4）大泉こども食堂の取り組み――子どもを主体としたつながりに向けて

子ども食堂という場で生起する関わり合いについて、筆者が学生と共に取り組んでいる「大泉こども食堂」を例に紹介する。二〇一六年に練馬区内の民家を用いて活動を開始し、今年（二〇一九年）で四年目となる。二〇一八年度は計一〇回開催し、参加者は子ども延べ一一八名、保護者延べ三四名、学生スタッフ延べ四二名であった。所在地が練馬区と和光市の境目であるため、普段は異なる学校（小学校の場合、四か所程度）に通う子どもたちが集まってくる。子どもの年齢も乳児から中学三年生まで幅広い。活動の性質から、食品衛生責任者養成講習会の受講を修了し、練馬保健所による食品衛生実務講習会に参加している。学生は一〇時三〇分に現地集合し、調理や環境づくりなどの準備を開始する。食事を提供できる時間帯は一二時～一四時の二時間であるが、ほとんどの子どもや保護者は一六時頃まで過ごしている。

大泉こども食堂では、一人ひとりの子どもがありのまま過ごすことのできる居場所を心がけている。一人ひとりの子どもを大切にしていくことであり、担い手が子どもと向き合うときに、目の前にいるその子どもにとってもっとも望ましいことは何か考える手続きを踏むことである。子どもの居場所づくりにおける子どもの最善の利益を考慮する関わりは、図3に示した三つの視点、すなわち、①子ども一人ひとりの唯一性・固有性を尊重する、②子どもの気持ちや意見を受け止める（聴く）、③子どもを主体としたつながりへ動き出す等の対応によって構成されている。

学生のいる子ども食堂という特徴から、〝あなたがここに来てくれることが学生の学びの手助けになっている〟（→子ども・保護者・学生の対称的な関係）という視点も基本に置かれている。これまでに作ったメニューとして、煮込みハンバーグ、焼き餃子・水餃子、だしの効いた手打ちうどん、ポテトコロッケ、親

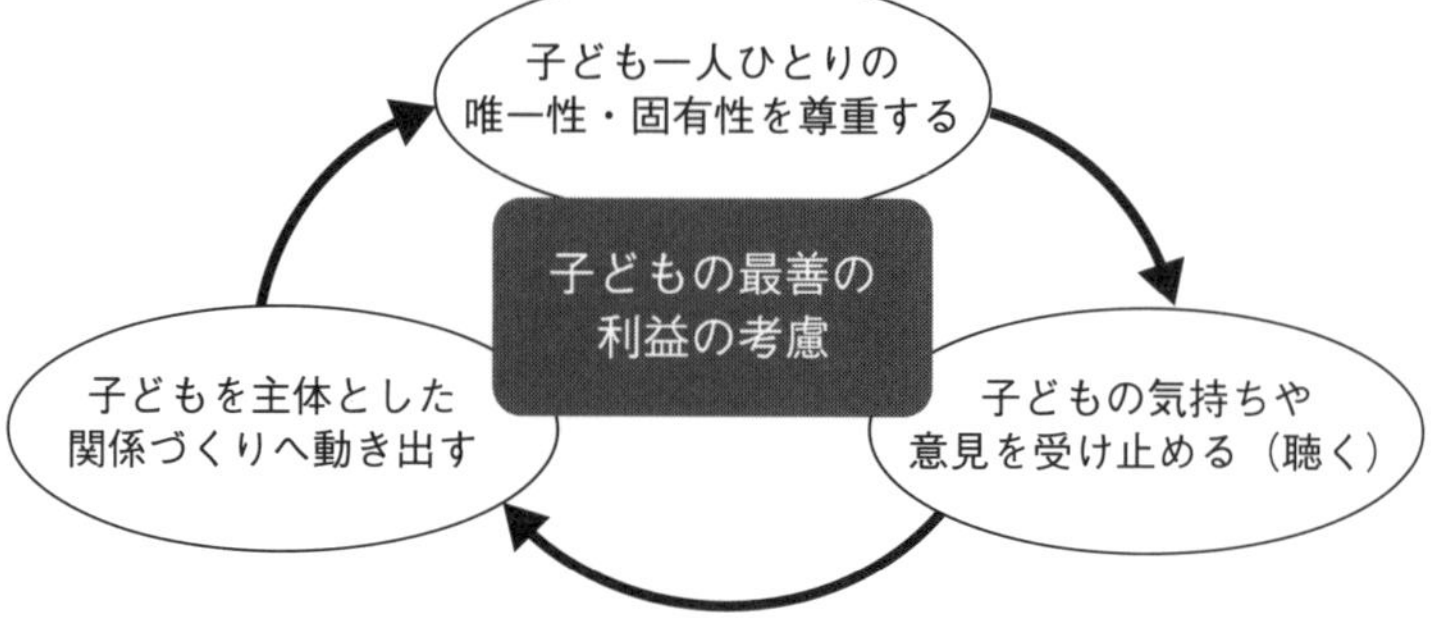
子ども一人ひとりの
唯一性・固有性を尊重する
子どもの最善の
利益の考慮
子どもの気持ちや
意見を受け止める（聴く）
子どもを主体とした
関係づくりへ動き出す

図３　子どもの最善の利益を考慮する関わり―子どもの居場所づくりに向けて

子丼、とんかつ、カツ丼、ぶりと大根の照焼き、オムライス、鶏のから揚げ、けんちん汁、豚汁、トマトスパゲティ、クリームシチュー、鶏肉のトマト煮、お好み焼き、肉じゃが、ちらし寿司、おでん、ビーフシチュー、しょうが焼き、ロールキャベツなどが挙げられクリスマスの時期には子どもたちとケーキ作りに取り組んだ。

　大泉こども食堂における出来事の一端を紹介する、早い子どもは一一時頃に「こんにちは」とやってくる。宿題を持参してやり始めることもあれば、友だちと遊び始めることもある。「今日のご飯は何？」と台所に顔を出す子ども。時には餃子を包む・野菜を刻むなど、お手伝いをすることもある。一一時三〇分頃になると赤ちゃん連れの保護者などもやってきて、畳の部屋で一息ついている。一二時頃になると学生が「ご飯できましたよ」と呼びかけ配膳を開始するが、小中学生も自然に手伝い始める。学生の一部は子どもや保護者の隣でお話ししながら一緒に食べる。お代わりをする子どもが台所にやってくる。学生によそってもらい「たくさん食べてね」と声をかけられている。食べ終えると「ごちそうさま」とお皿を台所に運んでくる。一番たくさん食べるのは学生

大泉子ども食堂

台所の様子

である。作っている途中から「お腹すいたね。早く食べたい」と話している。

畳敷きの広間に面して比較的広い庭があるため、子どもたちはバドミントン、卓球、フリスビー、水風船、鬼ごっこ、裸足で芝生の上を歩くなど、学生を捕まえて思い思いに遊び始める。車道に出ることなく広い公園に行くこともできる。キックボード、かくれんぼや鬼ごっこ、虫取り、凧揚げ、芝生の上でごろごろする子ども。庭の家庭菜園で大根を抜いたり、柚をもいだこともあった。広間では、保護者が学生に子育ての体験談などを語り、熱心に聴く学生の姿が見られる。赤ちゃんのお世話をする学生や小中学生。自宅からもってきたゲームをする子ども。一人の学生を独占して人形遊びをする子ども。追いかけっこや人生ゲームが始まることもある。ソファーで学生に抱っこしてもらっている小学生女児。筆者とキャッチボールをするために首を長くして待っている子ども。茶道部の子どもがお茶をたてて皆にふるまったり、ハンドベルの演奏をしたこともあった。おやつがほしくなる頃に、台所でポップコーンづくりを始める子ども。売れ行きがよく、嬉しそうな顔をしている。ある日、学生が室内のホワイトボードに「来月の子ども食堂から、お勉強見てほしい人は、声をかけてね」と書くと、中学生の女児が「ぜひお願いします！」と書き込んだ。食事のあと静かな部屋で学生に見守られて宿題をする子どもの姿も見られる。

6　おわりに

子どもを取り巻く課題が深刻化する中で、子どもの権利を基盤とする、子どもを主体としたつながりの支援の考え方と方法を示してきた。こうした子ども支援を幅広く実現するにはどうすればよいのか。岡村重夫は生活者個人の立場にたった援助を実現するために、社会福祉固有の視点を論理的に示すことに加えて、社会福祉の倫理的基盤として社会的に承認された「基本的人権」概念を位置づけた。その後、日本は子どもの権利条約の締約国となり、条約の趣旨が児童福祉の理念にも明記され、現在、児童福祉援助や子ども支援は子どもの権利によって基礎づけられている。しかし、当時、岡村が望みを賭けたように、子どもを主体とした援助が主流となる状況には至っていない。どのようにしたら子どもの権利に基づく援助を起動させることができるのか。

ここで再び、認定NPO法人「だいじょうぶ」の畠山由美、認定NPO法人「食べて語ろう会」の中本忠子、さらに「だんだん子ども食堂」の近藤博子らの経験を通して考えてみたい。彼女等は皆、目の前にいる一人ひとりの子どもの最善の利益を考慮するために、子どもの声に耳を傾けるという行為（子ども参加）を大事にしてきた。この子どもはどのような状況に身を置いて生きてきたのか、そこでどのように過ごしてきたのか。さらにどのようなことを感じたり、考えて生きてきたのか。一人ひとりの子どもの気持ちに思いを寄せ、出会い、その〝痛みや苦しみに傷つく〟ことを通して、一人ひとりの子どもの〝かけがえのなさ〟を感じ取ったのである。この点にこそ、一人ひとりの子どもの生き方を尊重した、子どもを主体とした支援を起動させていくヒントが隠されているのではないか。

なお本章は、JSPS科研費（18K02455）の助成を得ている。

文献

阿部彩（2008）『子どもの貧困――日本の不公平』岩波書店

荒牧重人（2013）「子どもにやさしいまちづくりの展開と課題」『子どもにやさしいまちづくり［第2集］』日本評論社：3-27

福山和女（2010）「人間と環境の理解」岩間伸之・白澤政和・福山和女編『ソーシャルワークの理論と方法Ⅱ』ミネルヴァ書房：7-42

畠山由美（2019）「『NPO法人だいじょうぶ』による支援活動」『子ども虐待とネグレクト』Vol.21 No.1：63-68

喜多明人・森田明美・広沢明・荒牧重人編（2009）『［逐条解説］子どもの権利条約』日本評論社

小林凛（2013）『ランドセル俳人の五・七・五』ブックマン社

NPO法人豊島子どもWAKUWAKUネットワーク（2016）『子ども食堂をつくろう！――人がつながる地域の居場所づくり』明石書店

子どもの貧困白書編集委員会（2009）『子どもの貧困白書』明石書店

栗林知絵子（2018）「〝広がれ！ 居場所・子ども食堂の輪、つながれ！ ゆるやかなネットワーク〟」『子どもNPO白書2018』エイデル研究社：62-70

毎日新聞日刊（2018.4.4）

文部科学省初等中等教育局児童生徒課（2019）『平成三〇年度児童生徒の問題行動・不登校等生徒指導上の諸問題に関する調査結果について』

森田明美（2018）「つながりを求めて――当事者主体の暮らしを実現するための福祉に必要なこと」東洋大学福祉社会開発研究センター編『つながり、支え合う福祉社会の仕組みづくり』中央法規出版：1-12
内閣府ホームページ　http://www8.cao.go.jp/shoushi/shoushika/data/gdp.html, 2019.12.1 閲覧
中本忠子（2017）『あんた、ご飯食うたん？』KANZEN
中本忠子・食べて語ろう会（2017）『ちゃんと食べとる？』小鳥書房
日本経済新聞夕刊（2020.1.28）
西野博之・山下英三郎（2018）『居場所とスクールソーシャルワーク』子どもの風出版会
農林水産省ホームページ　http://www.maff.go.jp/j/syokuiku/kodomosyokudo.html, 2018.11.25 閲覧
岡村重夫（1983）『社会福祉原論』全国社会福祉協議会
岡村重夫（1992）「社会福祉と基本的人権」『リーディングス日本の社会保障４社会福祉』有斐閣：3-17
下野新聞子どもの希望取材班（2015）『貧困の中の子ども――希望って何ですか』ポプラ社
荘保共子（2016）「子どもの貧困対策活動――居場所をつくる児童館の取り組み」『公衆衛生』Vol.80 No.7: 511-517、医学書院
ユニセフ（2007）〝国連総会、〝子どもの貧困〟の強力な定義を採択〟http://www.unicef.or.jp/library/pres_bn2007/pres_07_02.html, 2018.11.25 閲覧
湯澤直美（2016）「子どもの貧困対策と自治体行政――子どもの貧困対策推進法・生活困窮者自立支援法」『公衆衛生』Vol.80No.7: 496-501、医学書院

第7章　つながりあう特養家族会

井上修一

特養の入居者家族は、日々、親族の老いに伴い認知症の進行や終末期に応じた難しい判断に向き合う。入居者家族の不安にどのように寄り添い、入居者との関係を継続できるのか援助者は腐心する。しかし、入居者家族が抱く不安や悩みは全て援助者に語られるわけではない。そうした入居者家族の潜在化した不安や悩みが共有され得る場として、特養家族会がある。当事者同士がささえあう家族会は、同じ悩みを持つ者がつながるからこそ、深い共感が得られる。セルフヘルプ・グループとしての特養家族会は、援助者にとっても大きな意味を持つ。山形県では、特養単体の家族会にとどまらず、県内全域でつながりあって協議会活動に発展している。なぜ山形県では家族会活動が発展してきたのか。山形県特養家族会連絡協議会の活動史に注目しながら、家族会活動に込められた目的、意義、可能性を明らかにしていく。

1　問題の所在

もともと家族会とは、何らかの疾病や障害のある当事者を親族にもつ者同士が、悩みや困難を共有するために集まった組織だ。本章の対象は、特別養護老人ホーム（以下、特養）の入居者家族である。入居者家族は　なぜ仲間を必要とするのか。それを知るために、特養家族会に注目した。事例として注目した山形県は、特養単体での家族会活動を越えて、県内全域で家族会がつながりあっている。特養家族会は、通常、施設単独で設置されるが、他施設と連携することは少ない。ましてや、山形県のように県内全域で協議体に発展する事例はめずらしい。特養の家族同士がつながりあって活動する事例としては、目黒区特別養護老人ホーム家族連絡会があるが、都道府県レベルでは山形県特養家族会連絡協議会が唯一であろう。なぜ山形県では特養家族会活動が発展してきたのか。山形県特養家族会連絡協議会（以下、県家連）の設立と発展過程に注目しながら、家族会活動に込められた目的、意義、そして、つながりあう特養家族会の可能性を明らかにしていく。

特養家族会活動が盛んな山形県特養家族会連絡協議会（県家連）設立の背景を調べたところ、援助者同士がつながりあい、施設ケアについて模索してきた歴史があった。なぜ山形県の特養が入居者家族に着目し、つながりあいながら発展してきたのか。それは、入居者の生活の質を高めるためには、家族の力、関わりが欠かせないためであった。さらには、入居者と家族の不安や葛藤を和らげるには、互いの絆を実感する必要があった。

また、山形県の特養家族会発展の土壌はその地域性にあった。山形県の同居率をみると、一九八〇年代以降、全国で最も高い割合で推移している。家族と同居し、多様な世代の中で生活することが当たり前の地域において、年老いた親を施設に預けることは、大きな葛藤を伴う。特養は「生活の場」でありながら、それまでの家族に囲まれた生活、関係性を劇的に変えてしまう。本人にとっても自宅とは違う集団生活は、不自由さとストレスを感じるに違いない。同様に、家族も親を施設に預けることに悩む。ましてや、同居率の高い地域ゆえに、特養の入居に対して周囲の偏見もあったであろう。それは、援助者も少なからず感じ、特養を「生活の場」として充実させることに心を砕いてきた。このように山形県内でみられる家族会活動は、入居者・家族が直面する悩みを把握した者たちの問題意識が起点となっていた。特養家族会は、入居者・家族が抱く不安、悩み、葛藤の緩和をめざしていた。

そこで、本章の前半では、県家連設立までの山形県特別養護老人ホーム指導員研究会誌一六年間の議論の変遷をたどりながら、特養家族会の存在意義を読み解く。後半では、設立後の県家連についてまとめる。特養家族会が、所属する特養単体の枠を超え、県内全域でつながり、そこで学んだ成果が自らの特養家族会や入居施設にフィードバックされている実態を分析する。縦横無尽に「つながりあう」特養家族会活動の挑戦と可能性について、施設サービスの向上や変革、自治体に対する意見の発信源の観点から分析する。

2　山形県特養家族会連絡協議会設立の経緯
——山形県特別養護老人ホーム指導員研究会における言説の分析

山形県特養家族会連絡協議会（県家連）の歴史をひもとく中で、「山形県特別養護老人ホーム指導員研究会」が県家連の設立に大きく関わっていることがわかった。この研究会は、一九七九（昭和五四）年に山形県内七施設の援助者が集まり、私的な研究会を開催したのが始まりである。一九七〇年代後半、大学等で専門職教育を受けた若い援助者たちは、特別養護老人ホームのケアに試行錯誤し、理想的なケアを求めて孤軍奮闘していた。そして、理想を同じくする仲間を求めていった。指導員研究会の源流は、そうした援助者同士のつながりにあった。

ここでは、山形県特別養護老人ホーム指導員研究会（以下、指導員研究会）に注目し、同研究会が毎年発行した「特別養護老人ホーム指導員研究会誌」において、援助者が特養の入居者と家族をどのように捉え、家族会をどのように位置づけてきたか研究会創設当時の指導員三名、家族会代表へのヒヤリング、一六年間の研究会誌の言説を分析しながら、特養家族会の存在意義について検討する。なお、本文中で、生活指導員、処遇、措置という表現が出てくるが、時代背景を正確に伝えるため、そのまま表記した。

（1）「山形県特別養護老人ホーム指導員研究会」のあゆみ

県家連が設立されたのは一九九六（平成八）年である。その背景には、特養の援助者同士がつながり合い、学び合ってきた歴史があった。それが、「山形県特別養護老人ホーム指導員研究会」（指導員研究会）である。援助者は、処遇向上のために、自らの資質を高めるべく、研究活動に立ち上がった。そして、指導員研究会に参加した施設、先駆的、先進施設を手本とし、良きライバルとして捉えてきた。

指導員研究会は、一九七九（昭和五四）年に七名の指導員が任意で集まり自主研究会を行ってから、三年後の一九八二（昭和五七）年に山形県老人福祉施設協議会・特別養護老人ホーム部会指導員研究会として認められた。

指導員研究会が発行する研究誌の副題は、一九八二（昭和五七）年より一貫して「生活の場としての充実をめざして――特別養護老人ホームの処遇を考える」としている。「山形県特別養護老人ホーム指導員研究会誌」は、第五号から大きく「共同研究」と「個人研究」の二部構成でまとめられてきた。「共同研究」においては、山形県全域における調査が実施され、居室の構造、家族会活動、ボランティアの受け入れ等について共通して議論されている。「個人研究」においても、創刊号から「生活の場」としての老人ホームが議論され、第二号からは「家族の絆」が取り上げられている。研究テーマの変遷を見ても、「生活の場」としての老人ホームや「家族」については、継続して議論されている（資料1）。

指導員研究会は、平成六年度山形県総合社会福祉基金助成事業を受け、「山形県内特別養護老人ホーム入所者家族意識調査と家族処遇現状の調査研究」を実施している。私的な研究会からスタートした組織は、平成六年に山形県老人福祉施設協議会特養部会の指導員研究会として体制が整備され、施設ケアにおける家族の関係を総合的に調査することとなった。また、特養家族調査は一九八六（昭和六一）年度にも実施されており、八年前の調査との比較という意味もあった。この平成六年度調査が、山形県特養家族会連絡協議会設立の必要性を問う内容も含んでおり、設立根拠となっていた。

しかし、家族会をつくったとしても活動の目的や意義を共有することは難しい。指導員研究会が、昭和六一年度調査と平成六年度調査を比較した結果、家族会の必要性について、約六割の家族が「必要である」と回答した一方、前回調査より一割ほど「必要性」に関する回答の割合が低下したことも指摘されている。家族会の必要性について「わからない」と回答した割合も三割ほどになっており、家族会の機能や役割について見えにくい現状も認識されていた。

家族会の有無については、平成六年当時、全体の六割（二五施設）で家族会を設置していた。県内の特養家族会が互いに連携していく協議体の設置については、六四％の方が家族会の横のつながりの必要性を感じていた。その内容は、情報交換、事例発表会、行事交流、ボランティア活動、役員との交流、施設職員への支援、行事への反映、提言といった内容であった。指導員研究会では、家族会を組織していない理由を調べるなかで、施設や家族自身が必要性を感じていないことをつかんでいた。さらに、家族会の目的の不明確さや、誰から発案されるべきかという原理的な疑問等も把握していた。しかし、一九九六（平成八）年に県家連の設立に至る。こうした背景にはどのような共通理解があったのか、指導員研究会が家族会の存在意義を何に見出していったのかを見ていきたい。

（2）指導員研究会は特養家族会をどのように位置づけたか

指導員研究会の会員施設の取り組みは、指導員研究会誌で共有されてきた。指導員研究会誌の論文、調査資料の言説を分析する中で、指導員研究会が入居者・家族をどのように位置づけたか明らかになった。

指導員研究会誌の議論を分析したところ、特養家族会の存在意義を、（1）生活の場の充実、（2）精神的安定、（3）家族の絆、（4）処遇の向上、（5）当事者組織の五点から論じてきたことがわかった。指導員研究会は、特養を生活の場として充実させるため、入居者の処遇の向上のため、家族の絆を深め、家族会を当事者組織としてささえることをめざしていた。当時の報告でも、家族会活動が入居者の処遇にどのように貢献できるかが議論されている。平成七年度の年間計画でも、家族会会員によるアンケートを実施したり、山形県内の各特養家族会との情報交換の実施、防災体制への協力、外出会への参加協力等が行われている。

当時の報告では、研究視察として、山形県全域の特養の視察、元旦の食事介助（正月帰省できない入居者が対象）、職員との懇親会（希望者）、清掃活動（車椅子清掃等）を実施している。

家族会活動は、入居者の処遇向上をめざして取り組まれている一方、家族会が処遇にどこまで関わってよいかが課題として議論されていた。当時の報告では、居室担当者と年三〜四回、面接の場を設け、双方の親睦や悩みについて話し合って解決していくことをめざしていた。また、誕生会会食事業では、誕生日を迎える入居者と家族が参加者とともに食事を食べ、楽しむ機会が催されている。これらの活動から、入居者と家族がより関わりやすくなる仕組みが施設内で工夫されてきたことが窺える。これらの工夫は、指導員研究会に所属する施設でも同様に見られる事業であり、家族会同士が山形県全域でつながることによる波及効果があったと考えられる。

一九九六（平成八）年に山形県特養家族会連絡協議会（県家連）ができたのは、山形県自体が家族の同居率が高く、年老いて家族と離れ、施設に入る入居者の寂しさ、親を施設に預けなければならない家族の葛藤を汲んだ活動であったと推察された。こうした考えは、家族との面会を心待ちにする入居者、親を施設に預けたことによるジレンマを抱えた家族、両者を意識した活動であったことが考えられた。当時行われた特養家族アンケートの報告では、入居にあたって、周囲から受けた言葉について、「老い先短い年寄りを老人ホームに入れるなんてひどい嫁だといわれたり、暴れられたり、義兄弟にいろんなことをされた」、「うばすて山のようなことをまわりから言われた」、「全然協力してくれない兄弟が世間の目をきにかけた」等の記述がみられた。このように、特養入居に伴うジレンマ、偏見、葛藤、トラブルを経験している家族が存在した。

家族会はなぜ必要なのか。指導員研究会は、「生活の場」としての充実のため、生活の質を高めるため、家族との絆を形に表すために家族会を組織してきた。しかし、家族会を結成することで万事解決とはならない。つまり、形式的な家族会では意味がなく、運営の中身が問われる。施設入居にジレンマを抱えた家族が多かったと想像すると、行事参加のためだけの家族会であれば客体的な組織となり、当事者組織としての意味が半減してしまう。指導員研究会の言説をみると、家族会は、入居者と家族、家族同士の絆を深めるための「主体的組織」であり、家族関係を安定的、継続的に保つための仕組みであり、さらに悩みを抱えた家族同士が主体的につながれる組織として期待されていた。次にその内実を見ていきたい。

①生活の場の充実

特養はまぎれもない「生活の場」である。そして、生活の場を充実させるためには、入居者と家族のつながりが重要であると指導員研究会は位置づけていた。たとえ特養と自宅が離れていても、入居者と家族のコミュニケーション、情報、連絡、交流を深めることが大切であり、特養が「生活の場」として存在するための努力のポイントとして位置付けられた。

特養での生活は、これまでの生活習慣や暮らし方、親しくしていた人との関係が、尊重される必要がある。それが、在宅生活から施設生活に移行したあとの「生活の継続性」の重要な要素といってよい。いわば、「生活の場」としてのホームは、人間関係において、できるだけ本人が望むような関係の維持が理想だ。たとえ集団生活だとしても、個別性を尊重したケアが求められる。それは、身体的なケアに留まらず、関係性の支援においても入居者が望むケアが求められるだろう。

「生活の場」をめざしたケアは、本人のこれまでの生活や関係性を尊重し、できる限り継続させ、入居者と家族が良好な関係を継続できるよう、さまざまな支援をする。施設ケアが、本人を中心としたケアでありながら、本人が家族との面会を心待ちにしていることや、家族からみても安心できるケアを提供する必要があるという点で、家族単位のケアはもっと施設ケアの中で議論されてよい。しかしながら、施設入居の背景には、本人の意思とは別に、家族介護者が直面する在宅介護の限界もあった。多くの迷いや葛藤や罪悪感を抱えた施設入居は、本人や介護者にとっても、不安の種となっている。こうした複雑な感情を抱えた入居は、時に本人や家族への支援によって緩和されることがある。援助者は、施設入居によって家族関係が解体しないように注意を払っているが、家族の複雑な感情が十分援助者に伝わるとは限らない。多くの家族は入居前に苦しい介護等を経験しており、施設に対しても容易に本音を明かさない。入居者家族の持つ感情や意識は援助者に伝わりにくい構造がある。施設に入居することで、家族との関係が希薄になることは当然想定されるが、入居者も家族と会えることを心待ちにしている。本人や家族のニーズに対して応えていくことが、「生活の場」としての施設に重要である。

「生活の場」としての特養を充実させるために、それまでの家族関係の継続に力を注ぐという表明が山形県全域の調査をもとにして組織的になされてきた。こうした取り組みは、家族との同居率が最も高い山形県において歴史的にも大きな意義を持っていた。

②家族の絆と精神的安定

指導員研究会がめざしたのは、入居者の生きがい、幸せ、家族との絆を深めることであった。特養入居者にとって、家族とのつながりがもっとも重要であり、強い絆となっていた。ここでいう「絆」とは、施設に入居していても入居者は家族の一員であるということ、いつまでも変わらず家族でいることが、いかにして実感できるのかということである。援助者は、入居者の精神的安定のため、家族の絆とは何か、どのようにすれば実感できるか悩んできた。

入居者は、特別養護老人ホームに住所を移し、生活の場を構え、そこで衣食住が満たされたとしても、特に農村部の場合は、家や家族への思いが強い。本人は、家・家族・親族に対する愛着は非常に強く、その絆を強く求めていた。入居者は「情緒面で充足される状況」を欲していた。それは、ホームの設備やサービス、職員の資質的側面もあるが、もう一歩精神的な満足度を得ようとすれば、やはり良好な家族関係の維持、発展が必要であった。

家族としてつながりを実感できる試みがなされ、それは、入居者の精神的安定にとっても大きなことであった。援助者は、入所者が家族の面会を何よりも喜ぶため、家族にはたらきかけ、面会という形で絆が表現できると考え、家族会運営を行った。

入居者は、集団生活で、目に見えないストレスが蓄積されている。様々な形でそのストレスを発散、解消させていくが、なんと言っても家族とのふれあいのなかでそれらのフラストレーションが解消されていった。入居者にとって家族はかけがえのない人たちであり、家族との交流が生きる喜びであり、生きがいであった。

その反面、平成六年度の家族調査報告において、施設に入ることによって家族関係が薄れてくると懸念されていた。実際に、一九九二（平成四）年当時、一年間のうちに自宅に一時帰宅した人が当時の四二施設中で二五人に留まると報告されている。家族の絆を深めることは、面会や帰省の数等で容易に測れるものではないが、家族会活動の成果をつかむことの難しさも窺えた。

家族会を設立したとしても、当然、すべての問題を解決できるわけではない。そのためには、家族が抱える悩みを個別に把握する必要がある。自分の身内を施設に預けることは、介護者にとって自身の疲労感や介護状況から解放されることを意味する一方、入居者家族は、身内を施設に預けたことに対し、苦悩や葛藤や罪悪感を抱くことがある。今後は、家族の特性を見極めながら、入居者と家族との絆をつなぎとめるケアがますます重要になってこよう。

③処遇の向上

施設が第一に追求すべきは、入居者本人へのサービスの向上であり、充実である。それは、入居者家族にとっても同じだ。

入居者は、自分の疾病や障害に対する不安、新しい環境に対する不安、それまでの生活様式が変わることへ不安等を持っている。入居者は、入居後三ヶ月程度は、孤独感や家族に対する思いがつのり、心身ともに不安定な状態に陥りやすい。こうした入居者に対する配慮について、小山は次のようにまとめている。ホームとして家族に期待し、また家族の役割と考えることは「身体は別居であっても心は同居」といったような老人にとって心理面の支えとなってもらうことである。ホームは老人の日常生活面への援助は十分行えるものの、家族の代替とはなり得ない。特に、地域・家族・家・墓等への愛着は強いものがあり、家族の定期的面会・外泊・外出等の協力や理解を必要とする（小山 1982：20）。この時の処遇は、精神的安定に近い要素があるが、特に入居間もない時期を安定して過ごすためにも、家族への期待が強くなる。在宅から施設への急激な生活変化を和らげるため、家族に共に関わってほしいという悲痛な願いが窺える。

施設ケアに家族が関わることは、施設内のサービスの向上だけでなく、入居者・家族・援助者の三者にとっても意味があった。当時の家族会報告では、家族会主催の記念講演会、一泊研修旅行が企画される他、「お盆、正月等の帰省時における家族への介護方法の伝授と介護講習会の実施」、「入居者と家族、職員による小旅行の実施」が計画・実施されていた。こうした情報が会員施設で共有されてきたことは、歴史的にも、地域の実践力の観点でも意義深いことである。

④当事者組織としての家族会

特養入居者家族は、入居を決める際、ジレンマや葛藤を抱いたり、親族内の対立に直面することがある。その点で、家族は、悩みを抱え、仲間を必要とする当事者の側面がある。さらに、家族会という組織をつくることで、入居者と家族が安定的に、継続的に関わりつづけられる。

指導員研究会では、特養家族会を、施設運営に従属的な組織ではなく、あくまでも主体性をもった、対等な組織として位置づけてきた。家族会は施設の従属的団体ではない（峯田 1991：102）。峯田は、家族会の真の目的を、面会を増やすためとか、行事に多く参加してもらうためだけではないとする（1991：102）。さらに、入居者と家族が交流できるチャンスを多く持つことによって、入居者が生きがいを持つという、手段の一つとして家族会があるが、それのみではいけないとも指摘する（1994：90）。

山形県内では、一九七八（昭和五三）年に初めて特養家族会が発足し、その後、指導員研究会等のなかで情報交換が行われ、次々と他の施設に波及して家族会の活動が形作られた。指導員研究会では、特養が「生活の場」として充実することが、良好な「家族関係を維持発展」させ、「生活の質の向上」や「家族との絆」につながり、家族からの信頼の獲得になると考えられていた。家族との連携方法も、総会や行事を中心とした慣例的なものにとどまらず、家族同士の連携、相互交流を軸とした活動、先進的な事例が季刊誌で紹介されていた。当時の家族会活動報告では、一九八二（昭和五七）年九月に家族の会員同士の親睦交流、入居者の処遇向上を目的に家族会が設立された。峯田によると、当初は、施設主導の運営や、施設に協力することが主となる消極的な活動であったと反省されており、その後、家族会の自主的機能をめざして、組織体制が見直されていく。一九九一（平成三）年には、家族会主催の事業実施（発足一〇周年事業にあたり記念講演会の実施）、会員同士の親睦交流推進のための一泊旅行が実施されている。研究会誌の分析から、家族の主体的行動を促し、ともに入居者をささえていける関係を望んでいることが窺えた。他施設の見学や職員との話しあいの機会を積極的に設け、その成果として、自由に意見が言える関係づくりの成功をあげている。

入居者の代弁者としての家族は、特養にとっては大きな存在である。一方、入居者の生活がよくなるためには、個々の家族が要求として出すだけでなく、施設全体に関わる場合は、家族会組織で議論して意見をまとめる機能も重要である。そうすることで、個々の意見が他の家族の潜在的な願いを引き出すと同時に、時に難しい要求であることも気づかせてくれる。このように、指導員研究会では、特養家族会を対等、平等な当事者組織として位置づけようと努め、潜在的な意見を引き出したり、まとめたりする役割も期待していた。

⑤施設ソーシャルワークと家族ケア――指導員研究会における施設ソーシャルワークの結実

指導員研究会では、入居者と家族の絆、つながりを大切にしていた。もちろん、家族関係が良好ではない家族も存在する。なかには高齢者虐待から避難するため措置入居する場合もある。そのような場合でも、家族関係に介入する必要性がある。その一連の関わりを、指導員研究会では、ソーシャルワークの観点から捉えていた。

施設で行われるソーシャルワークについて整理すれば、（1）相談援助の視点、（2）エンパワメントの視点、（3）援助対象と展開過程、（4）人と環境との交互作用（生態学的視座）の局面で捉えることができる。指導員研究会においても上記の視点から議論されてきた。これらをあらためて整理してみよう。

施設は、入居者の生活を支援する。指導員研究会は、入居者の生活の質を向上させるためには、家族関係をも視野に入れた支援が不可欠と考えてきた。入居者が抱えている家族問題についても、時に援助者は介入する。指導員研究会では、入居者の精神的安定を図るために、入居者本人への対応だけでなく、家族も含めた援助実践が有効と考えてきた。すなわち、施設生活においても、入居者と家族のつながりが調和の取れた状態で維持され、関わりあうことで互いの生活の質向上をめざしてきたのである。それは、まさにエコロジカルな視点であり、家族の力を引き出し合うエンパワメントの視点であった。

また、指導員研究会は、施設のソーシャルワーク機能として、入居者の代弁者として家族会を組織化し、さらに横のつながりをつくることで、入居者の処遇向上と福祉制度を良くするための団体を育成、援助する役割があると捉えた。こうした、本人の声の代弁は、家族が本人を代弁すること、特養家族会として家族の声をまとめること、県家連として家族会同士をつないで声をまとめることとして整理できるだろう。その点で、家族会が県内全域でつながる県家連の活動には、代弁レベルの多様さをみることができる。こうした援助レベルの多様さは、ミクロ、メゾ、マクロレベルの次元として整理できる。

指導員研究会の言説から見えることとは、特養のソーシャルワーカーとしての役割と機能を発揮する責務である。これは、指導員研究会が県内全域で展開され、入居者の処遇向上をめざしながら、ソーシャルワーク機能を模索してきた成果といえよう。入居者の生活の場を充実させるために家族とつながり、さらに、入居者と家族を単位とするケア、同じ悩みを抱えた家族同士がつながるセルフヘルプ・グループとしてのサポート、制度的な改善点については代弁者としての家族の声をまとめてソーシャル・アクションにつなげていくという、施設におけるソーシャルワークのあり方を垣間見ることができる。

指導員研究会は、家族会を単に施設内部の組織にとどめなかった。各地域の特養の家族会が集まり、連携して入居者の幸せを守り、自分の老後も視野に入れた立場で発言し、特養のサービス内容や基準の引き上げとレベルアップを目指してきた。その背景には、施設や行政と対等な立場で意見が言えるような組織を作り上げるねらいがあった。時代背景として一九九〇年代前半の措置施設としての特養と福祉事務所の関係性も垣間見ることができる。

指導員研究会は、入居者・家族に対する家族ケアを展開しながら、家族同士を当事者組織としてつなぎ、まとまった声を自治体の関連部局に届けるという試みを支援してきた。まさに、入居者・家族への援助が施設ソーシャルワークとして展開されてきたと言えよう。このように指導員研究会は、特養家族会の存在意義を（1）生活の場の充実、（2）精神的安定、（3）家族の絆、（4）処遇の向上、（5）当事者組織として捉えてきた。

ここまで県家連の設立過程に注目することで、なぜ山形県で特養家族会が独自の発展をとげたかを概観し、家族会の存在意義を明らかにすることができた。それは、指導員研究会の役割が大きかった。指導員研究会が、離れて暮らす入居者と家族をつなげ、安定的・継続的・組織的に関われるように、家族会をサポートしていたこと。家族調査を実施し、入居者家族が直面する悩みも含めた困難を把握していたこと。それは、家族もケアの射程に入っていたことを表している。その背景には、同居率の高い県だからこその入居にあたってのジレンマ、葛藤、世間体と折り合いをつけること等が推察された。

特養入居によって家族が解体されるのではなく、入居者と家族が良好な関係を維持できるようにすること（家族の絆支援）は重要である。そのためにも、当事者組織としての家族会が設立されていた。山形県内の特養家族会は、指導員研究会のささえもあり、県内全域でつながっていくこととなる。

後半は、平成八年度に設立した山形県特養家族会連絡協議会（県家連）の活動に注目しながら、つながり合う家族会の意義と展開の可能性について分析していく。

3　山形県特養家族会連絡協議会（県家連）の活動と特徴

山形県の特養家族会は、指導員研究会のネットワークによって、つながり合い発展してきた。日常的には親族が入居する特養での活動を続けながら、県内全域のマクロな活動に広がっている。家族会のつながりは、やがて互いの施設見学によって透明性の高い施設運営や説明責任にも影響を与えてきた。

ここからは、県家連の活動の特徴を検討する。分析の視点は、県家連の活動の「核になる考え」と、「人を結び付ける考え」に着目する。これらの視点から県家連の特徴を分析していく。

（1）主体性——入居者家族の主体的な学習機会と意見表明

《主体的な組織》

山形県特養家族会連絡協議会（県家連）は、自分たちで学習会を開催している。主なテーマとして、「利用者負担の割合を一割から引き上げること」、「ケアプラン作成に対する利用者負担を導入すること」、「特養など多床室の入居者から室料を徴収すること」、「軽度者の利用者負担を増やし給付を縮小すること」などがある（砂押 2013：33）。さらに、研修会・講演会等を毎年開催している（資料２）。

一九九七（平成九）年からの活動をみると、介護保険制度の成立と呼応して、新たな制度変更を主体的に学び、その課題について入居者家族の立場から発言してきた。主体的な学びは、山形県健康福祉部長宛の要望書等として形になっている（資料３）。主体的な学びの単位としては、県家連（県レベル）、家族会（組織レベル）、家族（個人レベル）での活動がみられた。

会員組織の特養で行われた家族会グループ懇談会では、二〇一五（平成二七）年四月の介護保険制度改正により要介護３以上の入所要件となることへの不安が出された。現在、入所している方や家族に対する負担や退所への懸念が出され、家族と職員のなかで共有、議論された（平成二六年六月二二日の懇談会資料）。

施設の改修工事に関しても、二一家族が出席した懇談会に職員も参加し、開かれた場で家族会への意見聴取がなされ、その意見が尊重されている。学習会だけでなく、施設のなかで車いす清掃等を含めた役割が家族から提案されている（平成二七年三月一五日の家族会グループ懇談会資料）。

また、家族会のグループ懇談会で、入居者の家族同士が顔見知りとなり、徐々に信頼関係がうまれていく。グループ懇談会で知りあった家族同士がのちに連絡先を交換し、一緒に食事をしている家族もいたという。

さらには、家族同士が個人的に結びつき、仲間づくりを行っていた。これらの個人単位のつながりは、専門職が介在することなく当事者同士の自由な関係として広がっている。

(2) 代弁性——自治体への訴え

県家連の家族は、普段は入居者の声を代弁しながら、県知事との懇談の際には、他の家族の声をまとめ、これから身内を預けるかもしれない家族の声を代表者が代弁している。県家連の活動をみると、一九九八(平成一〇)年から山形県健康福祉部長宛の要望書が四回提出され、県知事との懇談は二回行われている(資料3)。介護保険制度改正等の際にも、家族の意見を県レベルで集約し、それを行政(山形県健康福祉部や知事)に直接伝えている。

家族の声をまとめて、山形県健康福祉部や歴代の県知事に伝える活動には、各施設の家族会代表たちが会って、自分たちの問題としてお互いの思いを述べ合うことを大切にした経緯がある。制度変更に関する不安や悩みについて、思いを共有することの先に、声をまとめて自治体に伝える代弁性が窺えた。この活動は、県家連事務局から直接知事部局に提案して、実現した。当時の県家連関係者へのヒヤリングでは、運動という強い動きではなかったという。むしろ「思いを述べる」というものであった。それは、小さくとも、代弁者としての家族役割がさらに大きな広がりと意味をもった瞬間であったともいえよう。二〇〇五(平成一七)年以降、齋藤弘山形県知事(二〇〇五〔平成一七〕年~二〇〇九〔平成二一〕年)の時代から県家連と懇談会を行った実績があり、現職の吉村美栄子知事(二〇〇九〔平成二一〕年~現在)とも懇談会が継続されている(資料3)。

（3）共感性——他の家族への配慮

県家連の家族は、他の家族の悩みにも思いをはせた。同じ立場の者同士がつながることによって、他の入居者家族をも気に掛けるようになる。さらには、これから入居する本人や家族をも意識した意見、行動につながっていく。県家連は、行政機関への要望書提出によって、サービス提供基盤の整備（特養の増床等）、低所得者層への利用料金の配慮、介護職員の医療行為、介護職員の処遇の改善等について要望・提案している（砂押 2013：32）。入居者家族同士がつながったからこそ、会員同士が直面する問題について共感し、発言に力を持たせることができる。まさに、つながることで共感が広がり、力をもつようになってきたといえよう。

（4）越境性——施設単体にとどまらない活動の広がりとフィードバック

県家連は、毎年総会を開き、加盟している施設の運営報告会と見学会を行っている。さらに先進的な施設等への見学を行っている。家族同士のみならず、他施設の職員とも交流を図り、家族会の活動だけでなく、サービス内容などについても学びあい、互いの施設・家族会の良いところを取り入れている。

《施設を越えたつながりの活動》

県家連の会員組織は、互いに交流を図り、多くが他施設見学を年間事業計画に組み入れている（砂押 2013：31）。もともとは、家族会から他の施設を見たいという声があったのがはじまりであった。見学先の施設は、新設施設や先駆的な取り組みをしているところである。見学先の相談員は、自らの施設の良いところを一生懸命見学者に伝えたという。こうした施設のネットワークには、相談員同士のつながりがあった。

見学では、施設設備、行事内容や進め方、家族会の活動比較、家族会への参加率等が話題になる。職員と入居者家族の親睦会（ボウリング大会）、飲み会、旅行をする施設の存在もわかった。家族と相談員が見学会に参加することで、持ち帰った知識が活かされているという。

家族会の活動は施設ごとに多様だが、ながまち荘（山形市）では、家族会総会、敬老会、グループ懇談会年二回、研修会年二回、ボランティア活動年三回（窓磨き、車いす、窓サッシのゴミ清掃、お部屋の清掃）を通じて、横のつながりができている。関係者へのインタビューの際、家族の中には、活動後につながって、情報交換、電話相談がなされていた事例や、山形県に住んでいる入居者家族と関東に住んでいる他の家族が電話相談をしていた事例もあるという。

《施設見学の効果とフィードバック》

施設入居にいたるまで見学を重ねた家族は多い。目が肥えた家族だからと言って、他の施設の良いところを、全て自らの施設に要求することもない。具体的には、多床室のプライバシーへの配慮の議論に関して、仕切りの増設を検討した際、急に環境を変えない方がよいのではという意見が出たという。また、トイレのカーテンを扉に変えることに関しても、厚手のカーテンの丈を長くする対応で落ち着いたことがあるという。他の施設を見ながら、現状と折り合いを着けながら工夫し、自施設の長所も見学から感じていることが窺えた。

(5) 波及性――つながりあった組織の存在意義と効果

《多様なつながりとネットワークをささえる家族会》

県家連の存在意義として、通常の家族・家族会の活動レベルを超え、家族(ミクロ)、家族会(メゾ)、県家連(マクロ)のレベルで、職員も交えたつながりのなかで双方向的な交流がなされ、ボランティア活動、研修会、相互の施設見学会、要望書等の提出、知事との懇談会等が行われるとともに、一定の成果が報告されている。山形県では、四ブロック(村山、庄内、最上、置賜)に分けたエリア設定がなされ、その中での交流も行われている。さらに、上記の四つのエリアの一つ、庄内エリアにおいて、さらに小さなブロックごとで特養家族同士が交流している事例も報告されている。

《入居者が亡くなった後もつながれる家族会》

家族会は、実は入居者が亡くなったら終わりではない。会員のなかにはOBとして関わり続ける方がいる。年間二五〇〇円の会費を払い、施設に通い続ける方がいる。平成二八年の時点で、特別養護老人ホームながまち荘(山形市)では、そうした会員が一四名いた。将来、何かあったらこの施設にお世話になりたいという気持ちと、ボランティア活動や家族会への継続的な関わりによる社会貢献活動が、特養を居場所として、社会貢献の場として、入居者家族が新たな価値を付与していた。

このように、山形県特養家族会連絡協議会は、(1)主体性、(2)代弁性、(3)共感性、(4)越境性、(5)波及性の点でユニークな活動を展開している。これらの特徴は、時間をかけてつくりあげられ、実際に山形県で見られる活動として今後の特養家族会の展開の可能性を示すものと言える。

特養家族会の存在意義は大きい。しかし、その役割や可能性は十分共有されていない。それには、まず入居者・家族が直面する不安、悩み、葛藤を把握することから始めなければならない。本章で取り上げた山形県特養家族会連絡協議会の設立過程と活動は、今後の特養家族にとって、つながりがもたらす新しい価値の創造を提示する手がかりとなるだろう。

4 特別養護老人ホーム家族会の存在意義と展開の可能性

特養家族会は、施設において入居者の傍らにありながら、本人の生活の質を高め、自らも悩みや困難を抱え、それをメンバーと共有しながらともに乗り越えるために集まった集団である。その意味で、特養家族会は、入居者のため、家族自身のために存在する。さらには、これから特養に入居する本人、家族にとっても意義がある。ここでは、特養家族会の目的、活動、つながる家族会の可能性について、山形県特養家族会連絡協議会の活動を振り返りながらまとめていく。

(1) 特養家族会の存在意義

本論で取り上げた家族会は、特養入居者家族会である。そもそも、特養入居者家族はつながる必要があるのだろうか。家族同士がつながる意図、目的が明確であれば、その存在意義はより深いものとなる。

施設サービスにおける家族像は一様ではない。入居者にとって家族とは誰かをあげることは思いの他難しくなっている。入居者の身元引受人としての家族であっても、実際は施設と自宅との距離、精神的距離、生育歴、親族間でのトラブル等、さまざまな要素が入り組んで家族関係を構築している。まさに、家族は個別で多様な要素を含む変わりゆく集合体である。そのなかで、特養家族会の目的を明確にしていかなければ、活動を継続していくことは難しい。

特養では、同じ悩みを抱えた者同士がつながることで力になることがある。また、家族会があることで、入居者家族との関係を安定して継続できることがある。山形県は同居率の最も高い県である。現在でも、一般的には特養入居者家族の三割が罪悪感を抱えているが（井上 2017）、一九七〇～九〇年代の措置制度の特養であればなおのこと世間体、戸惑い、罪悪感があったと想像する。山形県特養家族連絡協議会の活動からわかったことは、同じ悩みを抱えた者同士がつながることの力、共感力、声を集めて自治体に伝える力である。山形県では、特養家族会の目的、趣旨、活動が、県内全域にわたって歴史的に議論され、共有されてきた。特養家族会の目的や存在意義について共有し、確認しなければ、会の設立だけでなく、運営自体も形骸化してしまう。県家連のもとになった指導員研究会は、家族会の存在意義として、（1）生活の場の充実、（2）精神的安定、（3）家族の絆、（4）処遇の向上、（5）当事者組織の五つを継続して議論してきた。まとめてみて、あらためて、こうした議論が山形県内全域で共通して議論されてきたことの意義を感じる。

（2）特養家族会の三つの活動レベルと可能性

特養家族会には、三つの活動レベルがある。そもそも特養の入居者家族の活動は、入居者と家族の関係を基本とする。具体的には、面会等による家族同士の関係支援である。入居者と家族の関係支援を活動レベルの第Ⅰ層とすれば、広がりによって家族会活動の第Ⅱ層、家族会同士が広域に連携しあう第Ⅲ層に分けて論じることができる。

さらに、それぞれの活動には、家族会が果たす役割と可能性がある。Ⅰ層では、入居者と家族をつなぐ役割（親密性）、Ⅱ層では家族同士をつなぐ役割（共同性）、Ⅲ層では、広域で不特定多数の人のつながりづくりに寄与する役割（公共性）と可能性がある。

県家連の活動は、まさにこの三層の活動が重層的に重なり合った活動であった（図1）。

第Ⅰ層の活動は、入居者と家族の間で行われている活動である。例えば、面会、散歩、行事参加（納涼会、運動会、敬老会、お花見会）、外出支援、手紙やニュースレター、電話での近況報告、差し入れなどである。家族関係の親密性を促進する取り組みが行われている。

第Ⅱ層の活動は、組織的な活動である。例えば、家族会としての行事のサポート（納涼会、運動会、敬老会、お花見会）、清掃活動等のボランティア、家族会総会などがあげられる。Ⅱ層目の活動で注目する点は、家族会が当事者組織として相互支援機能を持ち得ることである。家族会があったとしても形骸化していては意味がない。家族同士はつながりあうことで、支援しあう共同体になりうる。特養入居者は、罪悪感など複雑な感情を抱えており、家族支援には、同じ悩みをもつ家族同士だからこそ深く分かり合える側面がある。入居者家族は、入居者と関わりながらも、差し入れの仕方、親の認知症対応に苦慮している実態もある。

第Ⅲ層の活動は、家族会同士が連携しあう協議会レベルの活動である。その代表例が山形県特養家族会連絡協議会である。具体的な活動としては、総会（各家族会の情報交換）、研修会・講演会・特養施設シルバーサービス一一〇番事業、山形県健康福祉部等への要望書提出及び関係者との講談会などである。山形県特養家族会連絡協議会では、毎年、加盟している施設の施設運営の報告会と見学会を行っている。二〇一三（平成二五）年時点で、山形県内の特養家族会設置施設は一〇三施設中五〇施設で、そのうち県家連に加入している施設は二三施設である。これらの三層の活動レベルで特養家族会の目的、活動内容を評価することによって、活動の深さと広がりが確認できる。

（3）つながりあう特養家族会の可能性

家族同士がつながる発展型として山形県特養家族会連絡協議会の活動をみてきた。そこでは、（1）主体性、（2）代弁性、（3）共感性、（4）越境性、（5）波及性の点で特徴がみられた。それぞれ、つながることで活動が強化されている。

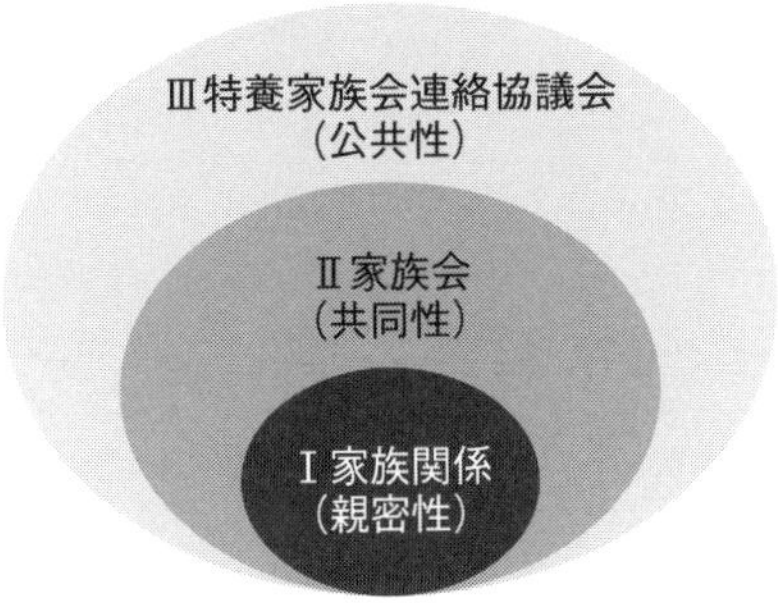

図１　特養家族会の３つの活動レベルと可能性

主体的なつながりは、特養家族会を自分たちのものとして意義づける。施設側のサポートを得ながらも、自分たちの問題意識を深める学習会、研修会を開くことは参加意欲を高めることにもなろう。外部講師を招いての学習会、研修会があるからこそ、客観的な情報、正確な知識を体系的につかむことができる。そこで得た知識は、施設サービスを見極めたり、改善したりする力になる。

県家連では、制度の変更点を学び、介護保険制度の課題から今後不利益を受けるかもしれない家族を想像し、代弁をしていた。代弁する対象は、当該施設の入居者家族にとどまらず、他施設の入居者家族にも思いをはせる。代弁された思いは、山形県知事との懇談、山形県健康福祉部長への要望書として提出された。まさに、県家連は、つながることにより、共感の輪を広げ、力をもってきた。

県家連のメンバー同士は、会員施設の見学を定例としている。自施設を越えて、家族同士がつながることは、より多様な情報をもたらした。それは時に、自施設を見つめなおすことにもなる。主体性をもち、越境する家族は、つながることによって、多くの知恵と力を獲得していく。それは、援助者にとっても刺激になったに違いない。援助者は、県家連の見学者に対して、自施設の特徴を懸命に説明した。一方で、他施設を見学してきた家族からは、先進的な取り組みを聞く。県家連があるからこそもたらされた情報、効果があったであろう。

特養家族会によってつながることの波及効果は、身内が亡くなった後の家族同士の交流をあげることができる。入居者（身内）が亡くなった後、家族のなかで家族会ＯＢや世話人として会に関わる方がいる。特養が地域の居場所、仲間づくりに貢献していた。特養での家族会活動を通して、自らの老いを見つめ、仲間と出会う。特養家族会が、形を変え、発展していく。まさに、つながりあう家族会の可能性を垣間見ることができた。

特養家族会にささえられる人たちがいる。今後、さらに特養家族会が注目され、活用されていくことを期待したい。

文献

安部伊助（1982）「特別養護老人ホーム間の姉妹施設の提携について」『山形県特別養護老人ホーム指導員研究会誌』1: 8
阿部文裕（1982）「笑いのある生活」『山形県特別養護老人ホーム指導員研究会誌』1: 26
井上修一（2013）「特別養護老人ホーム入居家族への支援方法に関する研究」『平成二二〜二四年度科学研究費補助金（若

手研究（B））研究成果報告書』。
井上修一（2017）「特別養護老人ホーム入居者家族が抱く罪悪感と家族支援に関する研究」『大妻女子大学人間関係学部紀要』18: 1-11
岸勝彦（1984）「施設はいま」『山形県特別養護老人ホーム指導員研究会誌』3: 1
小山憲樹（1982）「ホームを生活の場とするために」『山形県特別養護老人ホーム指導員研究会誌』1: 18
小山憲樹（1989）「幸楽荘における家族会活動10年」『山形県特別養護老人ホーム指導員研究会誌』8: 158-162
小山憲樹（1998）『山形県特別養護老人ホーム指導員研究会誌』16
久保雄三（1982）「山形県特別養護老人ホーム指導員研究会誌」1: 1
久保雄三（1983）「研究会の一年をふりかえって」『山形県特別養護老人ホーム指導員研究会誌』2: 1
久保雄三（1984）「特別養護老人ホームのプライバシーを考える」『山形県特別養護老人ホーム指導員研究会誌』3: 25-26
目黒区特別養護老人ホーム家族連絡会（2006）『目黒区特別養護老人ホーム家族連絡会　特養ホーム入居者家族へのアンケート調査（二〇〇五年）集計結果』
峯田幸悦（1984）「特別養護老人ホームにおける生活規則の一考察」『山形県特別養護老人ホーム指導員研究会誌』3: 7-11
峯田幸悦（1985）「特養ホーム入所に伴う家族問題の一考察」『山形県特別養護老人ホーム指導員研究会誌』4: 66-77
峯田幸悦（1991）「特別養護老人ホームにおける家族会組織の役割と課題について」『山形県特別養護老人ホーム指導員研究会誌』10: 93-109
峯田幸悦（1994）「特別養護老人ホームにおける家族会組織の役割と課題について」『山形県特別養護老人ホーム指導員研究会誌』12: 86-93
沼沢信久（1983）「家族との絆」『山形県特別養護老人ホーム指導員研究会誌』2: 17
小笠原祐次（1999）『生活の場としての老人ホーム』中央法規出版
奥山徳義（1982）「老人福祉施設職員としての理念」『山形県特別養護老人ホーム指導員研究会誌』1: 17
櫻井紀子（1994）「家族支援と施設ケアⅡ」『ロングタームケア』中央法規出版：159-76

笹原守（1982）「統一された処遇」『山形県特別養護老人ホーム指導員研究会誌』1: 27
佐藤暢芳（1985）「『生活の場』を求めて」『山形県特別養護老人ホーム指導員研究会誌』4: 48-49
清野立夫（1985）『山形県特別養護老人ホーム指導員研究会誌』4
清野立夫（1986）『山形県特別養護老人ホーム指導員研究会誌』5
清野立夫（1987）『山形県特別養護老人ホーム指導員研究会誌』6
清野立夫（1988）『山形県特別養護老人ホーム指導員研究会誌』7
清野立夫（1990）『山形県特別養護老人ホーム指導員研究会誌』9
清野立夫（1995）『山形県特別養護老人ホーム指導員研究会誌』13
清野立夫（1996）『山形県特別養護老人ホーム指導員研究会誌』14
島津明夫（1987）「家族会について」『山形県特別養護老人ホーム指導員研究会誌』6: 84
設楽有美（1997）「施設と家族の連携」『山形県特別養護老人ホーム指導員研究会誌』15: 181-196
砂押哲也（2013）「山形県特養家族会連絡協議会の活動に取り組んで」『ふれあいケア』全国社会福祉協議会 : 31-33
涌井和（1982）「施設処遇についての一考察」『山形県特別養護老人ホーム指導員研究会誌』1: 30-34
渡部幸雄（1997）「家族と施設との連携」『山形県特別養護老人ホーム指導員研究会誌』15: 197-206
山形県特別養護老人ホーム家族会連絡協議会（1998～2009）『寿林』1～16

資料１　山形県「特別養護老人ホーム指導員研究会」の活動と「山形県特養家族会連絡協議会」設立までの経過

	山形県「特別養護老人ホーム指導員研究会」の主な活動と動向	「山形県特別養護老人ホーム指導員研究会誌」での研究テーマ例と動向
昭和 54 年	山形県「特別養護老人ホーム指導員研究会」発足 ＊若い相談員の私的な研究会として始まった	12 月の研究会で「施設と家族のあり方」について検討
昭和 55 年	—	—
昭和 56 年	—	—
昭和 57 年	山形県「特別養護老人ホーム指導員研究会誌」第 1 号発刊	安部伊助（1982）「特別養護老人ホーム間の姉妹施設の提携について」 小山憲樹（1982）「ホームを生活の場とするために」
昭和 58 年	山形県老人福祉施設協議会・特養部会の事業として認められる	沼沢信久（1983）「家族との絆」
昭和 59 年	山形県内特養アンケート調査実施（23 ホーム）山形県社会福祉施設等活性化推進事業補助金交付　＊全県調査実施	峯田幸悦（1984）「特別養護老人ホームにおける生活規則の一考察」
昭和 60 年	「山形県内特別養護老人ホームの居室構成及び居室替えの実態」（昭和59年度山形県社会福祉施設等活性化推進事業補助金研究）	峯田幸悦（1985）「特養ホーム入所に伴う家族問題の一考察」
昭和 61 年	「山形県内特別養護老人ホームにおける地域福祉サービスについての調査研究」（昭和 60 年度山形県総合社会福祉基金補助金事業）　＊この年から全県調査、共同研究、個人研究の 3 部門で報告開始	山形県老人クラブ連合会との連携
昭和 62 年	「山形県内特別養護老人ホーム入所に伴う家族変化の実態と家族関係のあり方についての調査研究」（昭和 61 年度山形県総合社会福祉基金補助金事業）	山形県社会福祉協議会との連携 島津明夫（1987）「家族会について」
昭和 63 年	「山形県内特別養護老人ホームにおけるボランティア活動受け入れの実態と今後の福祉教育に関する調査研究」（昭和 62 年度山形県総合社会福祉基金補助金事業）	原田道芳（1988）「入所者と家族のつながり」
平成元年	「山形県内特別養護老人ホームにおける入所者の生活実態と処遇に関する今後の方向性について」（昭和 63 年度山形県総合社会福祉基金補助金事業）	小山憲樹（1989）「幸楽荘における家族会活動 10 年」
平成２年	「山形県内特養をとりまく保健・福祉・医療のネットワークづくりと地域福祉サービスに関する調査研究」（平成元年度山形県総合社会福祉基金補助金事業）	佐藤弥生（1990）「施設退所者の理由とその後」
平成３年	山形県内特別養護老人ホーム家族会実態調査「山形県特別養護老人ホームにおける生活指導員ハンドブック作成」（平成 2 年度山形県総合社会福祉基金補助金事業）	峯田幸悦（1991）「特別養護老人ホームにおける家族会組織の役割と課題について」
平成４年	「山形県内特養における入所者の重度化と職員の介護量に関する調査研究」（平成 3 年度山形県総合社会福祉基金補助金事業）	益田寿一（1992）「よく見えてわかる福祉を」
平成５年	「山形県内特養における入所者の重度化と職員の介護量に関する調査研究」（平成 4 年度山形県総合社会福祉基金補助金事業）	庄司敏明（1993）「家族会活動について」
平成６年	「山形県内特別養護老人ホーム入所者家族意識調査と家族処遇現状の調査研究」（平成 6 年度山形県総合社会福祉基金補助金事業）　＊年 4 回の指導員研修会とテーマごとの分科会方式に転換（講演会含）	田中治和（1994）「社会福祉の原点」
平成７年	「山形県内特別養護老人ホームのショートステイ事業における利用者家族、実施機関、施設の意識調査と現状」（平成 7 年度山形県総合社会福祉基金補助金事業）	峯田幸悦（1995）「山形県内特別養護老人ホーム入所者家族意識調査と家族処遇現状の調査研究」
平成８年	「山形県内特別養護老人ホームにおける業務内容と職員の配置状況に関する調査研究」（平成 8 年度山形県総合社会福祉基金補助金事業）	設楽有美（1996）「施設と家族の連携について」 渡部幸雄（1996）「家族と施設との連携」
平成９年	「山形県内特別養護老人ホームにおけるターミナルケアの現状と課題についての調査研究」（平成 9 年度山形県総合社会福祉基金補助金事業）◎山形県特別養護老人ホーム家族会連絡協議会設立総会	手塚恵子（1997）「家族と施設との連携について」 渡部操子（1997）「家族会と施設の連携について」

資料2　山形県特養家族会連絡協議会主催の研修会・講演会活動内容

実施年	研修内容	講師
平成9年5月30日	県家族会連絡協議会に期待する	眺葉園　逸見義一
平成10年6月19日	介護保険制度の概要について	山形県健康福祉部　佐藤博幸
平成11年6月18日	介護保険制度導入と特別養護老人ホーム	山形県健康福祉部　佐藤博幸
平成12年6月16日	苦情処理事業の概要について	山形県国民健康保険団体連合会 小関典子
平成13年6月15日	福祉サービスの苦情解決について	山形県社会福祉協議会　中沢秀夫
平成14年6月14日	上杉鷹山について	歴史家　下平忠正
平成15年6月13日	施設利用者の希望・要望への対応	山形県社会福祉協議会　清野立夫
平成16年6月11日	地域福祉権利擁護事業について	山形県社会福祉協議会　鈴木清美
平成17年6月17日	介護保険制度改革の概要について	山形県健康福祉部長寿社会課 中西　大
平成18年6月16日	いかに生き、いかに死ぬか	大慈山　圓應寺　住職　垂石啓芳
平成19年10月5日	誰もが安心して老いることができる特養ホームを築くために	特養ホームを良くする市民の会 本間郁子
平成20年11月25日	家族会の役割について	山形県社会福祉協議会　清野立夫
平成21年8月19日	これからの介護保険を考える	淑徳大学・准教授　結城康博
平成22年11月22日	認知症の理解と介護	山形県老人保健施設協会会長 大島扶美
平成23年12月9日	変革の時を迎えた高齢者終末期医療と介護	芦花ホーム　石飛幸三
平成24年11月5日	言葉づかい、心づかい	元山形放送アナウンサー　古池常泰

（山形県特別養護老人ホーム家族会連絡協議会『寿林』1～16号より作成）

資料3　山形県特養家族会連絡協議会による山形県健康福祉部等に対する要望書提出状況

提出年月日	実施内容
平成10年6月26日	山形県健康福祉部長宛の要望書を持参し、提出 ＊介護保険事業計画に意見開陳機会の付与、施設運営の透明性を高め、情報公開の要請
平成15年8月4日	山形県健康福祉部長宛の要望書を持参し、提出 ＊特養待機者の解消、新型特養における低所得者排除の対応、入院後の再入所について
平成17年8月31日	山形県健康福祉部長宛の要望書を持参し、提出 ＊施設並びに定員増、利用料金の負担軽減、サービスの向上、申込者の対する公平・中立性
平成18年8月29日	山形県健康福祉部担当者との懇談会 ＊施設の増設、低所得者層に対する利用料金の負担軽減、サービス向上、正規職員の確保等
平成20年8月26日	出前知事室・山形県健康福祉部関係者との懇談会
平成22年1月28日	山形県知事との懇談＊介護サービス提供基盤整備、職員の待遇改善等(知事との懇談と要望書提出)

（山形県特別養護老人ホーム家族会連絡協議会『寿林』1～16号より作成）

第8章　外国人DV被害者を支えるネットワークの構築

多文化ソーシャルワークを活用した支援の展開

寺田貴美代

ドメスティック・バイオレンス（以下、DVと表記）とは、日本では配偶者や恋人など、親密な関係にある、あるいは、過去においてそのような関係にあった男女間における暴力を一般的に意味する。二〇一八年末時点において、日本国内の人口の約二％（約二七三万人）を外国人が占める。また、国際結婚の約七割が日本人男性と外国人女性のカップルであることから、人口比をほぼ反映する割合で外国人女性の中にもDV被害者が存在している。配偶者暴力相談支援センターによせられる配偶者からの暴力が関係する相談のうち、日本語が十分に話せない被害者からの相談は、全相談の約二％を占めており、家庭内でDVに晒されて育つ子どもにも、その影響が及ぶことが明らかになるなど、多様な文化的背景を持つ母子における被害が広がっている。

そのような背景の中、二〇〇一年に「配偶者からの暴力の防止及び被害者の保護に関する法律」が施行されて以降、婦人相談所や婦人保護施設、母子生活支援施設、NPOなどにおいて、被害者支援をはじめとする、さまざまな対策が実施されており、ソーシャルワーカーが専門的役割を果たすことが期待されている。しかし、外国人DV被害者の場合は在留資格に基づく問題のほか、言語や習慣の違いなどによって日本人の被害者とは異なる特徴があり、保護や支援に結びつきにくく、問題が長期化・深刻化しやすい傾向がある。そのため、多くの関係機関が連携を図り、被害者を長期的かつ多面的に支援する体制を早急に確立することが急務の課題となっている。

そこで本章では、日本におけるDV被害の概況やソーシャルワーク実践との関係についてまとめた上で、外国人DV被害者のように多くの困難を抱える人々が社会的に孤立しないための支援方法について、母子生活支援施設での実践事例を用いて紹介する。

なお本章では、女性のDV被害者対策を中心に取り上げるものの、DV被害は女性に限定されるものではなく、男性や性的マイノリティなど多様な被害者が存在することは言うまでもない。そのため実際の支援においては、多様なクライエントへの配慮が不可欠であり、社会全体による包括的な支援が重要であることを予め断っておく。

1　日本におけるDV被害とソーシャルワーク

(1) DV被害の概況

内閣府男女共同参画局によれば、配偶者暴力相談支援センターに寄せられる相談のうち、DVが関係する相談件数は増加傾向にあり、二〇一八年度には約一一万五千件の相談が寄せられたことが報告されている（図1）。

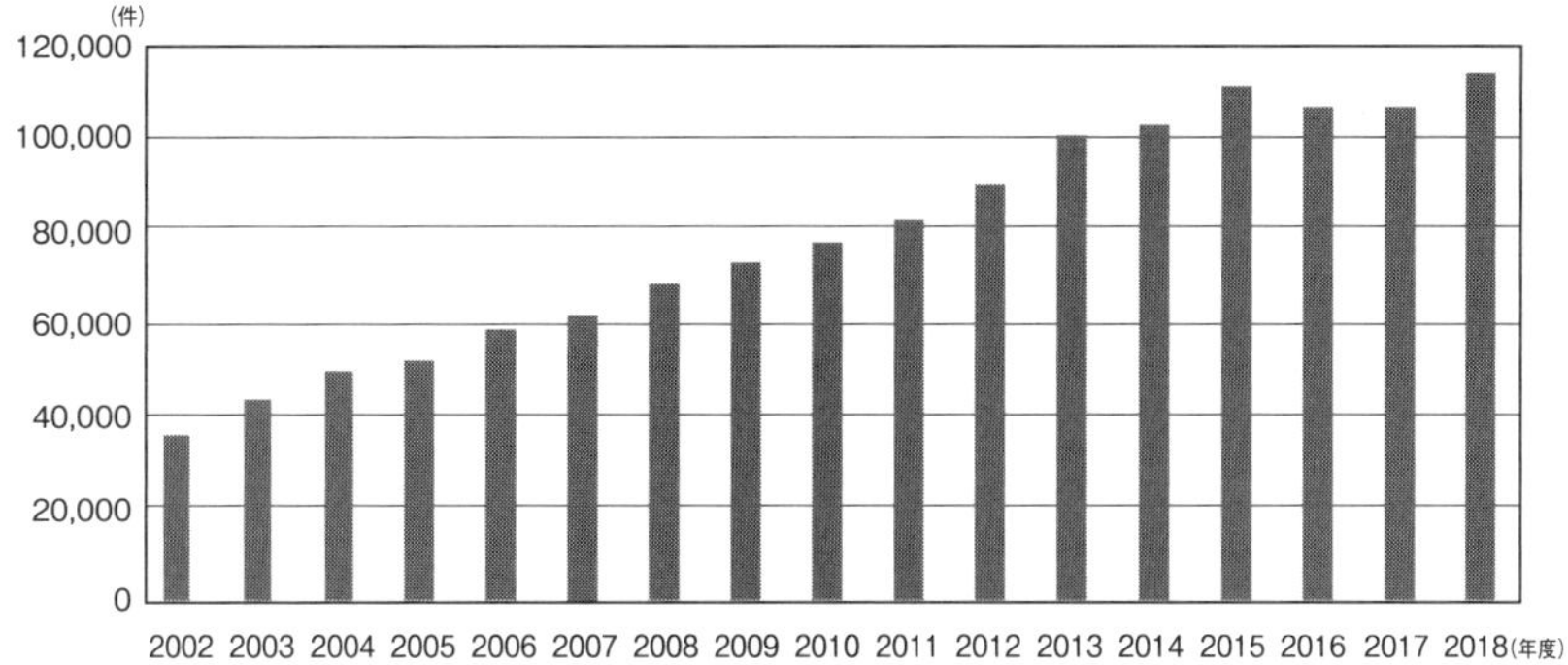

図１　配偶者暴力支援センターにおける相談件数の推移
出典：内閣府男女共同参画局「配偶者暴力相談支援センターの相談件数」より筆者作成
（内閣府男女共同参画局 2019a）

このような傾向の背景には、ＤＶ被害者の増加だけではなく、ＤＶに関する認識が社会に広まったことや、配偶者暴力相談支援センターの数が増加したことなどの要因もある。しかし、婦人相談所と婦人相談員が受けたＤＶ被害者の件数もおおむね増加傾向にあり（図２）、厚生労働省の『平成三十年版　厚生労働白書』においては、ＤＶ被害自体の増加が指摘されている（厚生労働省 2019a: 241）。

これらの問題に対応するため、「配偶者からの暴力に係る通報、相談、保護、自立支援等の体制を整備することにより、配偶者からの暴力の防止及び被害者の保護を図る」ことを目的とする法律として、「配偶者からの暴力の防止及び被害者の保護に関する法律」が二〇〇一年に施行され、その後、法改正が重ねられてきた。二〇一四年には、「配偶者からの暴力の防止及び被害者の保護等に関する法律」（以下、ＤＶ防止法と表記。傍線は筆者が付記）と改められて現在に至っている。ＤＶ防止法第三条においては、都道府県または市町村が婦人相談所やその他の適切な施設に配偶者暴力相談支援センターを設置するよう定められており、具体的には、次の①～⑥の業務を行うことが規定されている。すなわち、①相

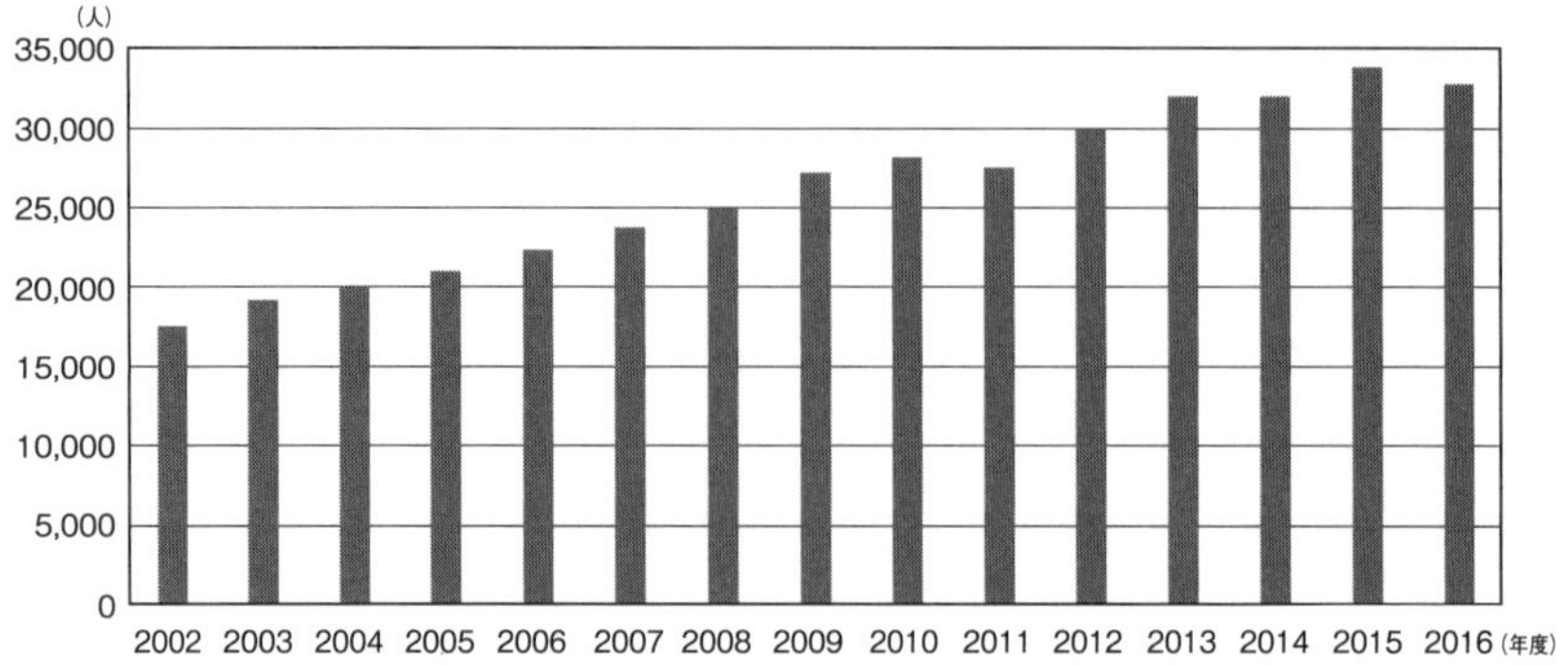

図２　婦人相談所と婦人相談員が受けたＤＶ被害相談件数の年次推移
出典：厚生労働省（2019）『平成 30 年版　厚生労働白書』日経印刷、241 より筆者作成
（厚生労働省 2019a）

談または相談機関の紹介、②医学的または心理学的指導、③被害者や同伴家族の緊急時における安全の確保および一時保護、④被害者の自立生活を促進するための就業促進、住宅確保、情報提供、その他の援助、⑤保護命令の制度の利用についての情報の提供、その他の援助、⑥被害者を居住させ保護する施設の利用についての情報提供、その他の援助である。ただし、全国の配偶者暴力相談支援センターの全てにおいて、①～⑥の業務が実施されているとは限らず、①と②のみに業務を特化しているセンターも少なくない（原田 2013：81；松田 2010：95）。

そのため③における被害者等の緊急一時保護については、配偶者暴力相談支援センターの機能を担う施設の一つである婦人相談所が主要な役割を果たしており、一時保護を婦人相談所が自ら行うか、一定の基準を満たす者に委託して行うことがＤＶ防止法によって定められている。さらに、配偶者暴力相談支援センターは、関係機関と相互に連携を図りながら協力するよう規定されていることから、婦人保護施設や母子生活支援施設、ＮＰＯなどのシェルターでもＤＶ被害者保護が実施されており、各機関が連携を図りつつ、ＤＶ対策に取り組んでいるのが現状である。

（2）日本のDV対策におけるソーシャルワーク

イギリスやアメリカなど、海外の先行研究や実践事例においてはDV対策に関連するソーシャルワーク実践が長期に渡って蓄積され、発展を遂げた経緯があり、日本でもDV対策においてソーシャルワーカーが専門的な役割を果たすことが期待されている。しかしながら、前項で述べた各関係機関で提供されているDV被害者支援が、ソーシャルワーク理論とどのように結びつくのかは必ずしも明確になっておらず、DV被害者支援における相談援助の必要性が認識されながらも、固有のソーシャルワーク理論や、モデル・アプローチなどの十分な確立に至っているとは言い難い状況にある。配偶者暴力相談支援センターの業務に関してDV対策におけるソーシャルワークの重要性は早期から論じられ、「『ネットワーク』を組み、『コーディネイト』し、『アドボケイト』するソーシャルワークの技法を十分に活用することによって実現」することが期待されている一方で（須藤 2003：14）、ソーシャルワーク実践として捉えて支援提供する体制が、未だ不十分な状況であるという指摘もあり、その理由としては、「現行制度上、女性支援という政策的概念は明示的には存在しない」ことが挙げられている（戒能 2013a: 199）。特に、婦人相談所には一時保護所の設置が義務づけられていることから公的シェルターとしての機能を担うものの、婦人相談所の根拠法が、売春防止法（以下、売防法）であるという点に関して、「売防法における婦人相談所の設置目的は、あくまで『要保護女子』（＝売春女性、売春するおそれのある女性）に対する『更生保護』であり、法的な理念と実際の利用者の求める支援との間には、大きな齟齬」があるという問題が指摘されている（堀 2013：101）。

事実、配偶者暴力相談支援センターや警察へのDV相談件数は増加の一途を辿っているにもかかわらず、婦人相談所における一時保護件数は近年、減少傾向にある（図3）。一時保護件数が増加しない要因につい

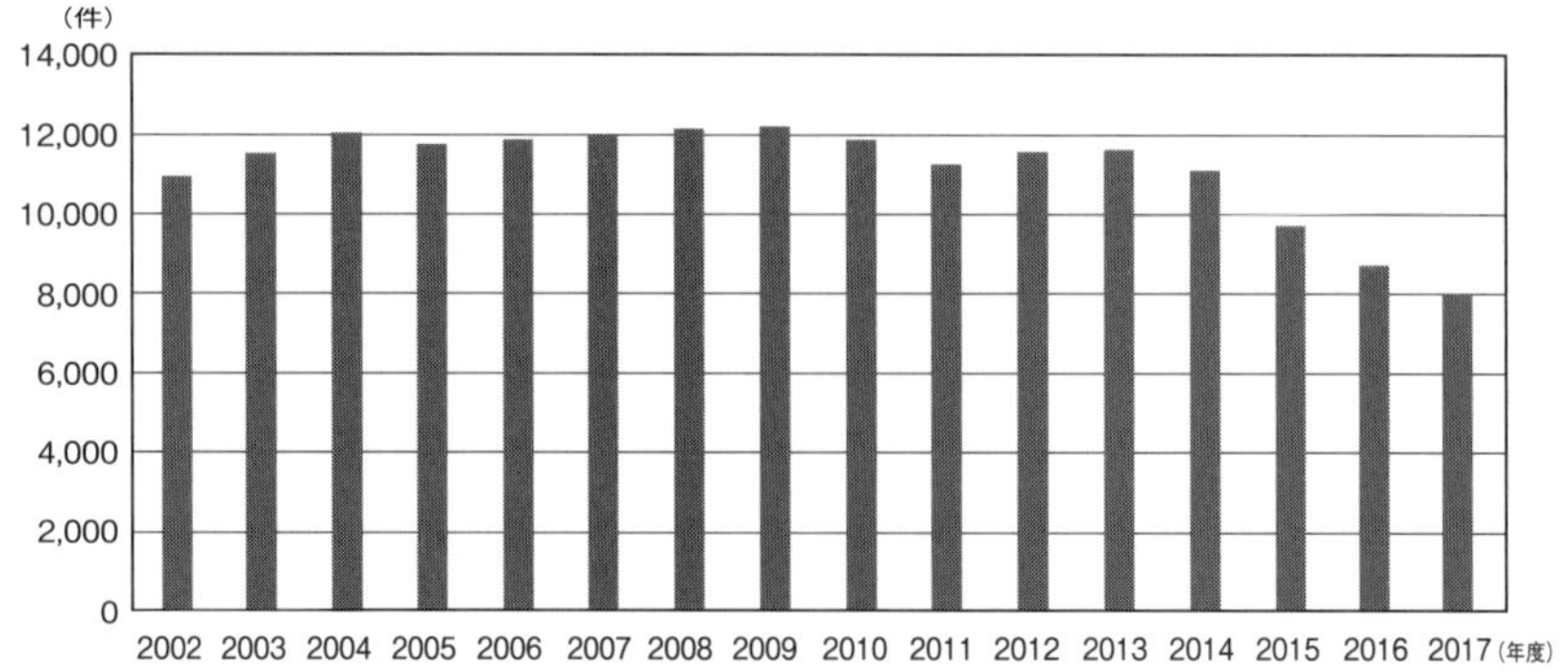

図３　婦人相談所における一時保護件数の推移
出典：内閣府男女共同参画局「配偶者からの暴力に関するデータ」より筆者作成
（内閣府男女共同参画局 2019b）

ては、「措置決定のハードルの高さ」が指摘されており、具体的には、「入所申請時に退所先の『見通し』がないと一時保護決定は行われないのが一般的」であるなど、「『一時保護』制度の検討や運用の改善が行われない」点などが批判されている（戒能 2013b：8）。

このほかにも、婦人保護施設における利用率の低さに関する問題も指摘されており、「ＤＶ被害女性など婦人保護施設機能を必要とする女性が少数しかいないとは決していえない状況のなかでこの利用率の低さの問題は深刻」なことから、「切実に支援を必要としている女性たちにとって日常的に利用しやすい存在か」という視点から、婦人相談所の機能自体のあり方を分析する必要性が論じられている（宮本 2013: 22）。

また、婦人相談所以外にＤＶ被害者保護への緊急一時保護や生活再建支援などにあたる社会福祉施設としては、母子生活支援施設がある。母子生活支援施設は、「配偶者のない女子又はこれに準ずる事情にある女子及びその者の監護すべき児童を入所させて、これらの者を保護するとともに、これらの者の自立の促進のためにその生活を支援し、あわせて退所した者について相談その他の援助を行うことを目的」として児童福祉法第三十八条に規定されている施設であり、ＤＶ対策を専門に行うための施設ではない。しかしながら、厚生労働省による「母子生活支援施設運営指針」および『母子生活支援施設運営ハンドブック』においてはＤＶ被害者への支援が記載されており、重要な役割を担っている（厚生労働省雇用均等・児童家庭局 2012; 2014）。

ただし、母子生活支援施設の施設数は減少傾向にある。二〇一七年時点においては全国に二二七箇所（休止中を除く）の施設があり、定員は四九三八世帯に留まる（厚生労働省 2018）。このうち、ＤＶ被害が理由による入所者は約半数であり（厚生労働省 2019b）、そもそも実際に施設を利用可能な人数自体が限られているのが現状である。また、ＤＶ被害を受けた母子生活支援施設の利用者に対する支援実践モデルについても明確な支援方法が確立されていない場合が少なくないという問題が指摘されており、現場の職員は生活支援などの実践をとおして利用者にアプローチしているものの、その対応の困難さや、専門的な対人援助スキルを有する支援者の不足が報告されている（砂川 2008: 11；堀場 2006; 我謝 2015）。

このような中、ＮＰＯなどの民間団体が、日本のＤＶ対策においてはしばしば重要な役割を果たしているものの、その多くは財政的に厳しく、活動の維持で精一杯であることも少なくない。また、それらにおける支援者自身でさえ、ソーシャルワークの実践者であるという認識を有していない場合もある。この点については、「民間シェルターの多くは、ＮＰＯ等の組織であり、そこで援助活動をしている人々は自らをソーシャルワーカーと呼んでいない」ものの、「そこで行われているカウンセリングやコーディネーション、教育活動といった仕事内容や援助のゴール等を考慮に入れると、これらをソーシャルワークとみなすことができる」という指摘がある一方（渡部 2002: 2-3）、「ソーシャルワークとは、外部から『みなされる』ものではない。ソーシャルワーカーが内的に定義していく過程である」と主張する論者もいる。そして、「人間の持つ価値と固有性に立脚し、問題に対して責任を持って関与し、その行動をソーシャルワークという実践的枠組みにもとづいて自ら説明することができるか、ということがソーシャルワークを定義する」のであり、「ＤＶ問題に取り組むソーシャルワーク研究は、『ソーシャルワークとは何か』についての合意を広げる作業である」とも論じられている（須藤 2002: 38）。

このように、ＤＶ対策においてソーシャルワーク・アプローチを活用する重要性が従前より指摘されており、実際にソーシャルワーカーとしてのアイデンティティを有する支援者がいる一方で、ソーシャルワークという言葉さえ知らずとも、援助活動を適切に展開する例も少なくないなど、複雑な実践現場の状況が生じている（須藤 2003: 11-12）。

2　ＤＶ対策におけるソーシャルワークの実践事例

これまで論じてきたように、日本においては、ＤＶ対策に関連して多様な支援活動が展開されているものの必ずしもそれらがソーシャルワーク理論と直截には結びつけられて理解されていない現実がある。しかしながら、実践レベルではソーシャルワーカーが専門的役割を果たすことへの期待が高まっており、被害者個人への直接的支援のみならず、ソーシャルワーク・アプローチの活用によって社会福祉施設等の支援機関と地域社会の関係機関が連携を図り、被害者を多面的に支援する体制を早急に確立することが急務の課題となっている。

そこで次に、多文化ソーシャルワークを基盤としつつ、外国人ＤＶ被害者への支援を展開している事例を取り上げ、その概要を簡潔にまとめる。

（1）多文化ソーシャルワーク

多文化ソーシャルワークとはＤＶ被害者支援にのみ限定されるアプローチではなく、多様な文化的背景を持つクライエントに対するソーシャルワークを意味している。より具体的には、①「多様な文化的背景を持つクライエントに対するソーシャルワーク」であり、また、②「クライエントとワーカーが異なる文化に属する援助関係において行われ」、③「クライエントが自分の文化と異なる環境に移住、生活することにより生じる心理的・社会的問題に対応するソーシャルワーク」として石河が定義している（石河 2012：13）。そのため、多文化ソーシャルワークで必要となる知識や技術、価値観などは、通常のソーシャルワークと基本的には同一であるが、多様な文化的背景を持つ人々を支援するための対応力が求められるという点に特徴があり、「相手の文化や社会的背景を理解し尊重するとともに、自文化のものさしで相手を決めつけない文化的繊細さや柔軟さを持つ必要」がある。したがって、ソーシャルワークの専門性を活かして、外国人をはじめとする、多様な文化的・社会的背景を持つ人々への支援にあたる多文化ソーシャルワーカーには、「ソーシャルワークに共通するジェネリックの知識・技術・価値」と、「スペシフィックの知識・技術・価値」の両方を備えていることが期待される。また、多文化ソーシャルワークの実践においては、文化を理解する能力や異なる文化的背景を持つ人と効果的にかかわる能力としてのカルチュラル・コンピテンスに基づいて支援を提供することの重要性が指摘されており（石河 2012：43；石川 2013：11；武田 2016）、社会の多文化化や多様化が進展する中で、さまざまなクライエントの社会的背景に配慮した支援体制の構築が求められている（寺田 2019）。

このような背景の中、多様な文化的背景を持つ外国人の生活問題を理解し、対応することができる多文化ソーシャルワーカーを養成する必要性が高まっている。日本社会福祉士会でも二〇〇五年に滞日外国人支援委員会が発足し、二〇〇六年から多文化ソーシャルワークの研修が行われ、また愛知県や神奈川県をはじめ、多くの外国人が住む自治体でも、多文化ソーシャルワーカーの養成が行われている（石河 2008）。ただし外国人DV被害者への対応においては、一般的な生活問題への相談支援などとは異なり、冒頭で述べたように法的地位を利用した暴力や文化的暴力、言語・習慣の違いなど、複合的問題による背景への理解が不可欠である。また、DVのある家庭で育つことになる子どもたちは、面前DVによる被害に加え、加害者と被害者の保護者の狭間で長期にわたってアイデンティティの揺らぎが生じるなど、特有の困難を抱える傾向があることも明らかとなっている。そこで次項ではこれらの問題へ対応するため、ソーシャルワークを活用し、外国人DV被害女性とその子どもたちの多様な文化的背景や家庭環境への配慮を伴う長期的・多面的支援プログラムを展開している事例について報告する。

（2）支援プログラムの展開事例

母子生活支援施設Aは、社会福祉法人が運営しており、定員は九世帯である。Aの前身は、一九九一年に開設された民間シェルターであり、日本人男性との間に子どもをつくりながらDV被害によって行き場を失い困窮した外国人女性とその子どもを保護するための施設として開設された。一九九五年に児童福祉法に基づく母子寮となった後も、外国人ＤＶ被害者への支援を積極的に行う姿勢を維持し続け、一九九八年には児童福祉法改正によって母子寮から母子生活支援施設に変更されて現在に至っている。

一九九一年から二〇一八年までの二八年間における総入所世帯数は二五二世帯であり、このうち世帯主である母親が外国人の世帯は一六五世帯であり、全体の約六五％を占める。Ａでは国籍を問わず利用者を受け入れているものの、外国人ＤＶ被害者を積極的に受け入れる施設は全国的にも限られている上、広域からの受け入れ体制をとっているため、結果として全国各地から外国人のＤＶ被害者が集まりやすいという事情がある。そのため全国的にはＤＶ被害を理由とする母子生活支援施設の入所者は約半数であるのに対して、Ａでは利用者の入所理由の約九〇％に上っており、極めて高くなっている。また、外国人世帯を国籍別にみると、フィリピンが約七五％と圧倒的に多く、次いでタイが約六％、ベトナムと中国がそれぞれ約五％となっている。Ａには英語やタガログ語が堪能な職員が勤務していることからフィリピン国籍の利用者が多いものの、当然ながら多国籍に対応する必要があり、他の支援団体と緊密な連携を図ることで多言語・多文化に対処している。

①臨床レベル

ＤＶ被害者に臨床レベルで行う直接的支援の内容は大きく分けて五段階あり、時間の経過に伴い、生活課題も変容することから、利用者の状況に合せた支援が提供される。各段階の支援内容を整理すると以下のとおりである。

・第一段階

心身を回復させ、安全な場所を提供するなどの緊急一時保護を行い、生活保障に関する相談援助を行う段階である。暴力からの保護や心身の健康の回復、衣食住の提供など、利用者が安全で安心できる生活環境を提供する。また、日本語能力に不安があるなどの理由によって医療機関の受診や行政機関の手続き、入退所の手続きなどに困難を感じる利用者については、同行や通訳をはじめとする支援提供も行う。その他、日常生活全般における細やかな相談体制を敷いている。

・第二段階

離婚や親権取得の手続、在留資格の取得手続き、家族関係の調整など、利用者が直面している当座の問題に対する解決や改善を図るための支援を行う段階である。より具体的には、離婚裁判や子どもの養育費の問題、借金の整理、経済状態の改善など多岐にわたり、入国管理局や裁判所をはじめさまざまな公的機関での手続きや家族関係の調整などの相談支援も行う。ただし、利用者の主体的な判断を可能とするためのエンパワメントを重視し、自己決定を尊重する。

・第三段階

カウンセリングや相談支援などをとおして、自尊心や自己効力感を高める段階である。特に、DVに晒され続けることによって精神的に疲弊し、無力感に陥っている被害者が、自らの力を取り戻す上でエンパワメントの視点は有効であり、DV被害からの回復過程において困難を克服する力を取り戻す支えとなる。さらに、支援者はストレングス・パースペクティブの活用を通して、被害者が自ら判断して行動する力を引き出すための働きかけを行う。すなわち、DV等の影響による自己決定能力の低下や自己肯定感の喪失など、DV被害者が数多くの困難を克服して生活を再建する上では、DV被害者の多様性に応じた支援を提供し、パワーの欠如した状態にある被害者の自己決定を支え、尊重することが不可欠となる。また、第二段階とも関連するが、ＤＶのある家庭で育った子どもたちへのメンタルヘルスケアも重要であり、親が外国人であることを理由に学校でいじめを受けたり、アイデンティティの確立に悩んだりするケースなどもあることから、子どもの発達段階に応じた精神的ケアを提供する。

・第四段階

生活再建に必要な知識や技術を修得するための支援であり、具体的には、子育て支援や就労支援などの生活に必要な指導および、日本語学習や日本の習慣等に関する理解など、日本で生活する上で不可欠な技能を習得するための支援を行う段階である。これらの支援を経て生活基盤の再建を図ることになるが、このような支援は日本文化とも密接に関連するため、特に子どもの教育などに関して価値観の押しつけとならないよう、利用者の価値観を尊重し、本人の意思を十分に確認した上で支援を展開することが重要となっている。

・第五段階

自立生活に向けた居住先の確保や退所後のアフターケアなどの支援を行う段階である。生活再建と深く関連する内容であるが、利用者と職員が協働して退所後の生活再建計画を立て、利用者の退所に直結する支援を行う。利用者との話し合いを重ねて退所後の生活再建計画を立案し、退所に関する不安に一つひとつ丁寧に対応する。また、ＤＶの再発防止のため、加害者との話し合いの仲介や退所後に利用可能な支援に関する情報提供も行い、退所後の相談援助を受けやすくすることによりサポートにつなげることも目指す。

②メゾレベル

臨床レベルでの直接的な支援だけではなく、ＤＶ被害者支援の関係機関が連携を図り、協働することによる地域ネットワークを活用した支援展開も不可欠である。近年、地域福祉分野を中心に、社会関係の希薄化に伴う住民の孤立が問題となっており、地域社会でのサポートネットワークの形成が求められているものの、ＤＶ被害者が加害者から逃れて新たな土地で自立生活をスタートする際には、一から生活基盤を築くことになる。そのため、社会的に孤立するケースも少なくない。家族関係のみならず、職場や近隣関係なども含めてさまざまな人間関係からの孤立を余儀なくされ、インフォーマルネットワークが弱体化しやすい。さらに、社会的支援の乏しさや経済的困難などの問題が複合的に絡み合うことによって自立生活を断念し、暴力を再び受ける恐怖に怯えつつも加害者の元に戻り、再被害を受ける事態さえ生じている。そのような問題を防ぐためには、ＤＶ被害者に対する長期的かつ包括的な支援を提供する必要があり、地域社会におけるさまざまな関係機関が連携することによってコミュニティや社会的ネットワークのレベルでの支援体制を構築することが求められる。母子生活支援施設Ａの場合、市町村の担当課や福祉事務所、学校、保育所、医療機関、児童相談所、ハローワーク、弁護士、通訳、ＮＰＯなど、多様な関係者や関係機関が協働して支援するサポートネットワークを構築しており、同施設はそれらを結びつけるための要のような役割を果たしている。そして、サポートネットワークの活用に際しては、利用者自身がそれらの関係機関を主体的に利用することにより地域社会とのつながりや支援者との信頼関係を実感できるように配慮する。それにより、多様な社会的資源を退所後にも適切に活用できるようになることを目指す。したがって、退所後のアフターケアも不可欠であり、入所中に構築した本人中心のサポートネットワークを、退所後の生活においても利用できるようにするための長期的な視点に基づく支援が重要である。

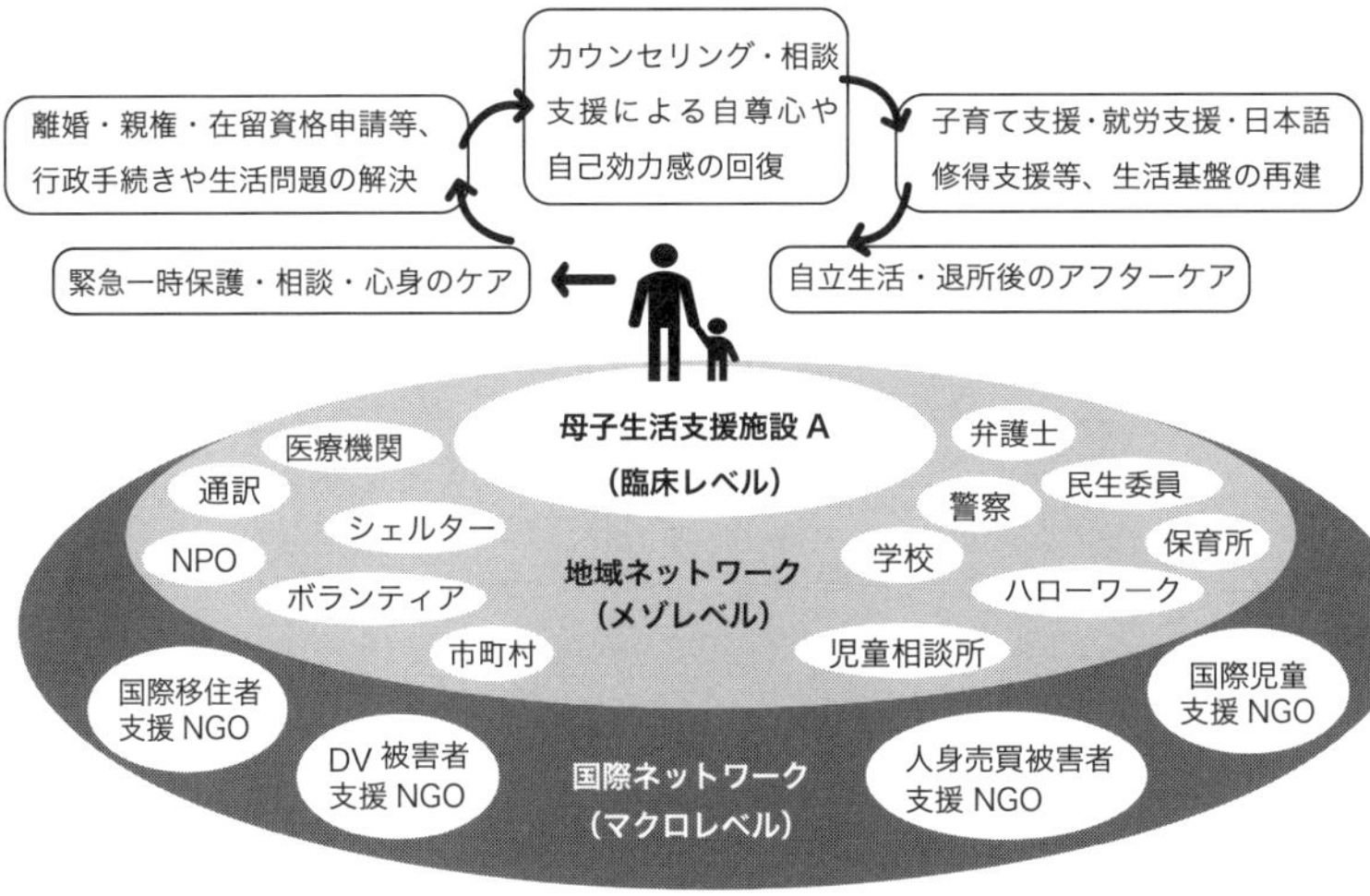

図 4　母子生活支援施設 A における支援展開のイメージ図

③マクロレベル

さらに、外国人ＤＶ被害者は、日本人の被害者以上に複合的な問題を抱えていることが少なくない。例えば、被害者が母国への帰国を望み、帰国先での支援を希望する場合や、人身売買の被害者である場合などもあり、このように多様で深刻な事情に対応する上では、身近なコミュニティにおける地域ネットワークの活用だけではなく、国際的関係機関の連携によるグローバル・ネットワークも形成する必要がある。そのため、国際的なＤＶ被害者支援のためのＮＧＯや人身売買被害者支援のためのＮＧＯなど、さまざまな支援機関と連携を図り、それらの支援を結びつけるための拠点としての役割もＡが担っている。

すなわちＤＶ対策においては、被害者を地域で支える援助と、被害者を支える地域を作る援助を一体的に推進することが求められ、特に外国人ＤＶ被害者の生活問題を解決し、その生活を再建するための支援においては、国際ネットワークも活用しながらＤＶ被害者一人ひとりの生活上のさまざまな諸問題に丁寧に対応することができるソーシャルワーカーの存在が不可欠となる。したがって直接的なDV被害者支援のみならず、再発防止や予防対策、加害者対策なども含めて包括的なDV対策に取り組む必要があり、多様なニーズを統合的に把握し支援につなげる視点が重要となっている。

3　結論と今後の課題

DV被害者への対応においては、被害者の主体的な判断を可能にするためのストレングス強化や生活基盤の再建、自立支援、退所後のアフターケアなど、多面的かつ長期的な支援が求められる上、特に外国人被害者に関しては、その文化的・社会的背景への配慮が求められ、複合的な問題状況の特性を踏また包括的な支援が不可欠になっている。

また本章では、母子生活支援施設における支援の事例を取り上げたものの、当然ながら、DV被害者は母子に限られるものではない。DV防止法において被害者の国籍や障がいの有無等を問わず、その人権を尊重するとともに、安全確保や秘密保持に十分な配慮をしなければならないことが明記されているように、被害者の多様性に対する配慮が不可欠である。

さらに、DVはその家庭で育つ子どもたちにも深刻な影響を及ぼしており、DVの目撃などによって心理的外傷を受けたり、将来、子ども自身がDVの加害者や被害者になったりする、いわゆる暴力の世代間連鎖などの問題も報告されている。そして、被害者への支援のみならず、加害者対策や防止対策なども重要である。したがって、臨床レベルでの支援のみならず、メゾレベルやマクロレベルも含めた支援体制の整備や拡充が必要であり、個人と社会環境の連続性に留意した支援体制の構築が喫緊の課題である。

しかしながら、実際の支援体制の整備状況は自治体間によって大きな格差があり、特に民間機関との連携が未だ不十分と言わざるをえない地域も存在する。また、公的機関においてはＤＶ対策にかかわる支援者が臨時職員や非常勤の職員であることも少なくない。そのため、数年ごとに移動を繰り返し、十分な専門性の蓄積が困難な自治体も存在する。さらに、民間機関の場合、その多くが財政的に厳しく、不安定な立場で活動に従事せざるを得ない支援者も多い。したがって、高度な専門性に基づく、長期的・包括的な視座からの支援を提供できるようにするには、公的機関における専門的な支援内容の拡充や民間機関への財政的支援の充実などの必要性はもちろんのこと、一部の地域で実施されている先駆的な取り組みの成果を踏まえ、公的機関と民間機関との一層の連携促進および社会的資源の活用による包括的な支援体制の整備が急務の課題である。それにより、地域社会が一体となってＤＶを容認しない社会の形成を目指すことが求められている。

なお本論文は、JSPS 科研費 JP16K04206, JP19K02170 による研究成果の一部である。

文献

我謝美左子（2015）「母子生活支援施設における支援の実態と期待されるソーシャルワーク――支援者へのグループインタビューを通して」『聖徳大学研究紀要』（26）：85-92
原田恵理子（2013）「婦人相談員による支援」高畠克子編著『ＤＶはいま――共同による個人と環境への支援』ミネルヴァ書房：79-94
堀千鶴子（2013）「婦人保護事業の現在」戒能民江編著『危機をのりこえる女たち――ＤＶ法一〇年、支援の地平へ』信山

社：100-127
堀場純矢（2006）「母子生活支援施設における家族支援の実態――母子指導員への聞き取り調査から」『東海女子短期大学紀要』32: 81-93
石河久美子（2008）「ソーシャルワーク教育におけるカルチュラル・コンピテンス――教育機関と地域の現状から」『こころと文化』7（2）：135-142
石河久美子（2012）『多文化ソーシャルワークの理論と実践――外国人支援者に求められるスキルと役割』明石書店
石川久仁子（2013）「多文化コミュニティ形成におけるソーシャルワーカーの可能性――多文化ソーシャルワークを基点に」『コリアンコミュニティ研究』4: 4-15
戒能民江（2013a）「婦人保護事業を超えて」戒能民江編著『危機をのりこえる女たち：DV法一〇年、支援の地平へ』信山社：198-230
戒能民江（2013b）「DV法一〇年――女性支援はどこまで進んだか」戒能民江編著『危機をのりこえる女たち――DV法一〇年、支援の地平へ』信山社：3-9
厚生労働省（2018）「平成二九年社会福祉施設等調査の概況」
厚生労働省（2019a）『平成三〇年版　厚生労働白書』日経印刷：241
https://www.mhlw.go.jp/toukei/saikin/hw/fukushi/17/dl/gaikyo.pdf（二〇二〇年二月四日取得）
厚生労働省（2019b）「社会的養護の施設等について」
http://www.mhlw.go.jp/stf/seisakunitsuite/bunya/kodomo/kodomo_kosodate/syakaiteki_yougo/01.html（二〇二〇年二月四日取得）
厚生労働省雇用均等・児童家庭局（2012）「母子生活支援施設運営指針」
http://www.mhlw.go.jp/bunya/kodomo/syakaiteki_yougo/dl/yougo_genjou_08.pdf（二〇二〇年二月四日取得）
厚生労働省雇用均等・児童家庭局（2014）『母子生活支援施設運営ハンドブック』http://www.mhlw.go.jp/file/06-Seisakujouhou-11900000-Koyoukintoujidoukateikyoku/0000080106.pdf（二〇二〇年二月四日取得）

松田智子（2010）「DV対策は進んだのか――被害者支援の現状と課題」『佛教大学社会学部論集』（50）：859
宮本節子（2013）「社会福祉施設としての婦人保護施設の現状――その概要と実態」須藤八千代・宮本節子編著『婦人保護施設と売春・貧困・DV問題――女性支援の変遷と新たな展開』明石書店：14-52
内閣府男女共同参画局（2019a）「配偶者暴力相談支援センターの相談件数」http://www.gender.go.jp/policy/no_violence/e-vaw/data/01.html（二〇二〇年二月三日取得）
内閣府男女共同参画局（2019b）「配偶者からの暴力に関するデータ」http://www.gender.go.jp/policy/no_violence/e-vaw/data/（二〇二〇年二月三日取得）
須藤八千代（2002）「『ドメスティック・バイオレンス』とソーシャルワーク研究―― FFILIA:Journal of Women and Social Work における研究の視座」『社会福祉研究』4: 25-40
須藤八千代（2003）「ドメスティック・バイオレンスとソーシャルワーク」『ソーシャルワーク研究』29（1）：10-17
副田あけみ（2002）「ソーシャルワーカーの役割」北島英治・副田あけみ高橋重宏ほか『ソーシャルワーク実践の基礎理論』有斐閣：228-252
砂川恵子（2008）「母子生活支援施設における支援システム構築に関する一考察――精神疾患を発症した母親と子どもへの支援」『児童学研究：聖徳大学児童学研究紀要』10: 11-21
武田丈（2016）「多様性の尊重とソーシャルワーク――人権を基盤とするアプローチ」『ソーシャルワーク研究』42（2）：73-86
寺田貴美代（2019）「多様性の尊重と多文化ソーシャルワーク」『新潟医療福祉学会誌』19（2）：49-54
渡部律子（2002）「ソーシャルワークの構成と過程」北島英治・副田あけみ高橋重宏ほか『ソーシャルワーク実践の基礎理論』有斐閣：1-29

本書のテキストデータを提供いたします

本書をご購入いただいた方のうち、視覚障害、肢体不自由などの理由で書字へのアクセスが困難な方に本書のテキストデータを提供いたします。希望される方は、以下の方法にしたがってお申し込みください。

◎データの提供形式＝CD-R、フロッピーディスク、メールによるファイル添付(メールアドレスをお知らせください)。

◎データの提供形式・お名前・ご住所を明記した用紙、返信用封筒、下の引換券(コピー不可)および200円切手(メールによるファイル添付をご希望の場合不要)を同封のうえ弊社までお送りください。

◉本書内容の複製は点訳・音訳データなど視覚障害の方のための利用に限り認めます。内容の改変や流用、転載、その他営利を目的とした利用はお断りします。

◎あて先
〒160-0008
東京都新宿区四谷三栄町6-5 木原ビル303
生活書院編集部　テキストデータ係

【引換券】
〈つながり〉の
社会福祉

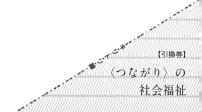

編著者紹介

西村昌記（にしむら・まさのり） 東海大学健康学部教授
加藤悦雄（かとう・えつお） 大妻女子大学家政学部准教授

執筆者紹介（執筆順）

伊藤正子（いとう・しょうこ） 法政大学現代福祉学部教授
渡辺　芳（わたなべ・かおる） 東洋大学人間科学総合研究所客員研究員
熊田博喜（くまだ・ひろき） 武蔵野大学人間科学部教授
和　秀俊（かのう・ひでとし） 田園調布学園大学人間福祉学部准教授
井上修一（いのうえ・しゅういち） 大妻女子大学人間関係学部准教授
寺田貴美代（てらだ・きみよ） 新潟医療福祉大学社会福祉学部教授

〈つながり〉の社会福祉
――人びとのエンパワメントを目指して

発　行―――― 2020年3月31日　初版第1刷発行
編著者―――― 西村昌記・加藤悦雄
発行者―――― 髙橋　淳
発行所―――― 株式会社　生活書院
〒160-0008
東京都新宿区四谷三栄町6-5 木原ビル303
ＴＥＬ 03-3226-1203
ＦＡＸ 03-3226-1204
振替 00170-0-649766
http://www.seikatsushoin.com
印刷・製本―― 株式会社シナノ

Printed in Japan

ISBN 978-4-86500-111-2

定価はカバーに表示してあります。
乱丁・落丁本はお取り替えいたします。

生活書院◉出版案内

ソーシャルワーカーのジリツ——自立・自律・而立したワーカーを目指すソーシャルワーク実践

木下大生・後藤広史・本多勇・木村淳也・長沼葉月・荒井浩道　A5 判並製　208 頁　本体 2000 円

「価値」「理念」「専門性」だけではぶつかってしまう壁。その壁にぶつかり失敗を重ねつつ「よいソーシャルワーカー」をめざして今も取り組み続ける 6 人それぞれのソーシャルワーク実践。遭遇した経験が教えるものを自らの言葉で表現できること、実践知を自らのものにすることの中にこそ「自立・自律・而立」のあり方をみる、若きソーシャルワーカーたちへのエール。

ソーシャルワーカーのソダチ——ソーシャルワーク教育・実践の未来のために

後藤広史・木村淳也・荒井浩道・長沼葉月・本多勇・木下大生　A5 判並製　212 頁　本体 2000 円

ソーシャルワーカーは、どのように、そしてどこで、ソダチ、ソダテられるのか！！　現在のソーシャルワーク教育のありかたに疑問を持ちつつ、大学で教育に携わっている 6 人が、実践の現場で利用者と関わることによって、自らがソダッた経験をベースに、ソーシャルワークとワーカーの「ソダチ」を展望する！

いじめ・虐待・貧困から子どもたちを守るためのQ&A100——スクールソーシャルワーカーの実践から

岩田美香・高良麻子編著　A5 判並製　160 頁　本体 1500 円

いじめ、不登校、虐待、貧困、孤立など様々な困難に直面し、悩み、苦しみ、耐えている子どもたち。どのように支援をすればよいのか、どうすれば困難を予防できるのか。子どもたちの悩みに向き合い専門的支援を担うスクールソーシャルワーカーの実践から、問題解決へのヒントを Q&A 形式でわかりやすく解説。

平成期の子ども家庭福祉——政策立案の内側からの証言

柏女霊峰　A5 判並製　224 頁　本体 2000 円

新しい時代の子ども家庭福祉のために！！　平成期の政策立案実践の中心を担った立場から、自身の子ども家庭福祉供給体制研究の根幹部分を開示する。平成期子ども家庭福祉の到達点と今後の課題を示し、次の世代にバトンタッチする、必読の書。

地域子ども家庭支援の新たなかたち——児童家庭支援センターが、繋ぎ、紡ぎ、創る地域養育システム

小木曽 宏・橋本達昌編著　A5 判並製　272 頁　本体 2200 円

大きな地殻変動の中にある社会的養護その未来とは！」

“子どもの最善の利益のために”“すべての子どもを社会全体で育む”という基本理念を見失うことなく、「子ども虐待がいつかなくなる社会に」という思いから編まれた必携必読の書